| 図解 一発で通す！

確認申請

Q&Aでわかる新築・増改築のポイント

日本建築協会 企画
野口 元・平沢隆志・仲本尚志 著

学芸出版社

はじめに

　昨今の度重なる法改正で、建築基準法をはじめとする関係法令は、ますます複雑化しており、設計者の日々の業務は多忙の一途を辿っています。また確認申請を審査する側の審査者も、設計者のこういった状況に連動するように、審査にかかる時間が増え続けています。そこで、複雑化した手続きや法令知識のポイントを押さえることで、一日でも早く確認申請を通せるように、設計者と審査者が協力して執筆するというこれまでにない実務書を制作しました。

　本書は、設計者のみならず、工事監理者や施工管理者が実務を行う際にチェックしたい建築基準法や関係規定についての解説に始まり、確認申請業務で実際によくある設計者からの質問に審査者が回答するＱ＆Ａ形式でまとめています。また、ストック活用の時代に対応し、増改築・リニューアル工事の際に気をつけておきたい手続きや既存遡及についても、わかりやすく解説をしています。

　本書が読者の業務の手助けとなり、少しでも早い問題解決につながることで、素晴らしい建築が出来ることを願っています。

　本書の出版に際し、一般社団法人日本建築協会会長・香西喜八郎氏、出版委員会委員長・西博康氏はじめ委員会の方々には、多大なご支援、ご指導をいただきました。大手前建築基準法事務所株式会社代表取締役・横内伸幸氏（元大阪府建築主事）並びに永美雄幸氏（元大阪市消防局消防署長）からも貴重なご意見をいただきました。特に学芸出版社の岩崎健一郎氏には出版に向けた多くの提案をいただき、また校正に献身的なお力添えをいただきました。このように多くの方々のご支援を受け、日本建築協会創立100周年の記念すべき年に本書が刊行できましたことを、ここに深く感謝いたします。

平成29年3月　著者

※本書での法令名の表記について
本書において頻出する法令の名称については、下記の略称を採用し、下記以外の法令については、正式名称を採用しています。
建築基準法：「法」（建築士法等個別の解説の項では「建基法」）、建築基準法施行令：「令」、
建築基準法施行規則：「規則」、建築士法：「士法」、都市計画法：「都計法」

目次

はじめに ———————————————— 3
キーワード索引 ————————————— 7

第1章　法令編　　9

01 建築基準法令 ———————————— 10
国と地方の法令の読み解き方

02 建築基準関係規定 —————————— 14
確認審査の対象となる法令

03 適合性判定・性能評価ほか —————— 16
確認審査と同時期に審査される制度

04 関係法令 —————————————— 20
確認審査とは別に規制を受ける法令

05 関係法令 —————————————— 22
建築士法

06 関係法令 —————————————— 26
都市計画法

07 関係法令 —————————————— 32
消防法

法令用語の読み方・使い方　　36

第2章　手続き編　　37

08 全体のフロー ———————————— 38
工事の流れと手続き

09 工事着手前 ————————————— 40
確認申請の準備

10 工事着手前 ————————————— 42
確認申請の提出

11 工事中 ——————————————— 48
工事着手から完成・引渡しまで

12 建物使用開始後 ——————————— 52
建築物等の定期報告制度

13 審査機関 —————————————— 54
行政機構と主な業務

確認申請の電子化　　56

第3章　新築編　　57

14 用語 ———————————————— 58
知っておきたい法令用語

15 敷地 ———————————————— 66
一敷地一建築物の原則
- Q.民法の「境界線から50cm以上離さなければならない」旨の規定は建築基準法でも適用される？
- Q.どのような場合、「一の建築物」と扱われるのか？
- Q.水路により分断されている敷地の扱いは？
- Q.里道により分断されている敷地の扱いは？

16 敷地と道路 ————————————— 70
建築物の敷地の接道条件と特例
- Q.路地状敷地の場合の接道長さの扱いは？
- Q.不整形に道路に接している敷地の接道長さは？
- Q.行き止りになっている「2項道路」の終端に接している場合の接道長さは？
- Q.道路と敷地に高低差がある場合、又、構造物がある場合の接道条件は？

17 地盤面 ——————————————— 74
地盤面の高さの算定方法
- Q.ドライエリアの地盤面の算定方法は？
- Q.切土、盛土がある場合の地盤面の算定方法は？
- Q.高低差が3mを超える特殊な場合の算定方法は？①
- Q.高低差が3mを超える特殊な場合の算定方法は？②

18 建築物の階 ————————————— 78
階の数え方と地階・避難階

19 床面積 ——————————————— 80
床面積の算定方法と不算入部分
- Q.小屋裏収納は床面積に算入するか？
- Q.屋外階段は床面積に算入するか？
- Q.バルコニーは床面積に算入するか？
- Q.受水槽設備は床面積に算入するか？
- Q.バルコニーや開放廊下の下部に建築設備がある場合は床面積に算入するか？

20 容積率 ——— 84
敷地の容積率の限度と特例
- **Q.** 共同住宅の用途に供する部分とその他用途に供する部分が複合している建築物の共同住宅の共用廊下等の部分の算定方法は？
- **Q.** 道路幅員が異なる場合の容積率の限度を算定する際の前面道路幅員は？

21 天空率 ——— 88
天空率による斜線制限の緩和措置
- **Q.** 敷地が道路斜線勾配の異なる用途地域にわたる場合の天空率は？
- **Q.** 前面道路が屈曲している場合の「一の道路」の取扱いは？

22 日影規制 ——— 92
日影による中高層建築物の高さ制限
- **Q.** 測定線の設定方法は？
- **Q.** 道路等の幅が10m以上ある場合の測定線の設定は？
- **Q.** 発散方式と閉鎖方式とは？

23 防火区画 ——— 98
延焼のおそれのある部分
- **Q.** 屋外階段、開放廊下、バルコニー部分は、延焼にかかる部分の対象となるか？
- **Q.** 自転車置場、受水槽上屋、ポンプ室等、火災の発生が著しく少ない付属建築物と主用途の建築物相互間の「延焼のおそれのある部分」の取扱いは？
- **Q.** 敷地内に2つの建築物がある場合で、建築物の相互の外壁が平行でない場合や建築物の相互の外壁面の長さが異なる場合の建築物の相互の中心線のとり方は？
- **Q.** 延焼ラインが、車室（車庫）にかかっている場合の取扱いは？
- **Q.** 防火無指定の地域では延焼線は発生しないのか？

24 耐火 ——— 102
大規模木造建築物への準耐火建築物の適用
- **Q.** 法21条で定めている「壁等」は、壁や防火設備で区画する「壁等」のみが告示で規定されているが、床で区画する場合も可能か？
- **Q.** 建築確認申請において「特定避難時間」の審査はどのように行われるのか？

25 防火 ——— 106
防火区画の形成と設置
- **Q.** 法24条と法27条の異種用途区画の違いは？
- **Q.** 竪穴区画の内装制限の緩和は？

26 採光 ——— 110
採光上有効な開口部面積の取り方
- **Q.** 開口部の上部がセットバックしている場合の採光補正係数の算定方法は？
- **Q.** 2室同一室の採光について、「随時開放できるもの」とは？

27 換気 ——— 114
換気が必要となる部分と換気設備
- **Q.** 「換気に有効な部分」とは？

28 避難 ——— 118
直通階段と屋外避難階段
- **Q.** 屋外階段が開放廊下に接続されている場合にも竪穴区画を設けなければならないか？
- **Q.** 屋外階段からの避難経路について、階段出口から直接屋外に出る出口を設けた場合、階段出口から道路まで有効幅1.5m以上の屋外通路を設けなければならないか？
- **Q.** 屋外階段出口からの避難経路とは？

29 避難 ——— 122
手すりの設置が必要な場所
- **Q.** 手すりがある場合の階段幅の算定方法は？
- **Q.** 手すり高さは、足かかり部分より1.1m以上必要か？

30 避難 ——— 124
排煙設備の設置が必要な建築物
- **Q.** 自然排煙室と排煙告示室（平成12年・建告1436号第四号二各号室）の相互間の防煙区画についてはどのような防煙区画が必要か？
- **Q.** 令116条の2第1項2号の「開放できる部分」の検討時の防煙区画は必要か？
- **Q.** 大空間の排煙設備の構造について、500m²以内の防煙区画は取れているが、防煙区画内の各部分から30m以下の位置に排煙口を設けた場合、どのような防煙区画が必要か？

31 消火 ——— 128
非常用進入口
- **Q.** 中庭に面する外壁面にも非常用の進入口又は代替進入口の設置は必要か？
- **Q.** 共同住宅に代替進入口を設ける時は？

32 避難 ——— 132
非常用の照明装置
- **Q.** 「採光上有効に外気に開放された通路」とは？

33 避難・消火 ——— 134
避難上・消火上必要な敷地内通路等
- **Q.** 屋外の敷地内通路を設けることが困難な場合、建築物内に設けることができるか？

34 用途 ——— 138
サービス付き高齢者向け住宅
- **Q.** 簡単なミニキッチンが置かれている程度でも「台所」として判断できるか？
- **Q.** 建築基準法上の用途の判断において、便所、洗面所、台所が揃っているものは、共同住宅とあるが、浴室は不要か？

35 用途 ——— 140
認定こども園（幼保連携型と幼稚園型）
- **Q.** 既存の幼稚園や保育所から、平成27年4月改正後の認定こども園法に基く「幼保連携型認定こども園」に変更する場合に必要な建築基準法上の手続きは？

36 特例 ——— 142
「確認の特例」と「検査の特例」
- Q. アルミニウム合金造の建築物でも、確認の特例は適用できるか？
- Q. 特定行政庁が条例で定める「特定工程による中間検査」を省略できる場合とは？
- Q. 「フラット35」の中間現場検査省略について、確認申請を他の指定確認検査機関で行っている場合でも可能か？

第4章　増改築編　146

増改築・リニューアル工事の8タイプ　147

37 増築 ——— 148
増築とは床面積の増加
- Q. 床面積を相殺しても「増築」になるのか？
- Q. 1階に庇を設けた場合は？
- Q. 容積対象床面積のみ増加する場合は？

38 改築 ——— 150
改築と新築の違い
- Q. 4号建築の基礎を残して同じものを建てる場合、確認申請は必要か？

39 移転 ——— 152
移転とは曳家工事のこと
- Q. 移転は既存不適格が適用されるか？
- Q. 敷地外に移転するには？

40 大規模の修繕、模様替え ——— 154
主要構造部か否かを判断する方法

41 既存不適格建築物 ——— 156
既存不適格項目の調べ方

42 既存不適格建築物の増改築 ——— 164
集団規定・単体規定の緩和

43 既存不適格建築物の既存遡及 ——— 166
全体遡及と部分遡及
- Q. シックハウスは扉で既存遡及を防げる？

44 既存不適格建築物の増改築 ——— 168
EXP.Jで接続すれば遡及適用緩和

45 用途変更 ——— 170
変更可能な用途と確認申請の要否
- Q. 確認申請が不要な用途変更にはどのようなものがあるか？

46 用途変更 ——— 172
既存遡及を受けない「類似の用途」

47 用途変更 ——— 174
確認申請手続きと既存建築物への遡及
- Q. 用途変更に完了検査はあるか？

48 用途変更 ——— 176
その他の注意点
- Q. 用途変更に工事監理者は必要か？

49 既存不適格建築物の増改築 ——— 178
全体計画認定を活用しよう

50 既存不適格建築物の耐震改修 ——— 180
耐震改修計画の認定制度
- Q. 耐震改修後の耐震性能を表示するには？

51 検査済証を取得していない建築物 ——— 182
建築基準法適合状況調査

52 確認済証・検査済証がない建築物 ——— 184
確認・検査済の調査方法

53 設備改修 ——— 186
太陽光発電設備の取扱い

54 確認申請以外の手続き ——— 188
リニューアル工事関係の届出

キーワード索引

あ
アスベスト ……………………………………… 116, 190
アルミニウム合金造 ……………………………… 143, 144
安全計画書 ………………………………………………… 190

い
移転 ……………………………………………… 38, 152, 153
委任条例 …………………………………………………… 10, 14

え
延焼のおそれのある部分 …………… 98-101, 103, 104, 153

お
屋外階段 …………………………… 76, 81, 82, 99, 119-121
屋外への出口 ……………………………… 120, 121, 133-135

か
開発不要証明書 ……………………………………… 40, 41
確認済証 …………………………… 16, 17, 43, 44, 49, 54, 157, 184
確認の特例 …………………………………………… 45, 142-144
瑕疵担保責任 ………………………………… 16, 20, 144, 145
仮使用認定 ……………………………………………… 48, 51
完了検査 …………… 25, 30, 31, 41, 48, 50, 54, 66, 138, 174, 178, 182, 184, 191

き
危険物 …………………………………………………… 32, 63
基準時 ………………………………… 164, 165, 172, 182, 190
既存遡及 ………………………………………… 166, 167, 172
既存不適格 …………… 45, 71, 92, 151, 153, 156, 157, 164, 166, 168, 169, 172-175, 178-180, 182, 183
共同住宅 …………… 49, 80, 85, 86, 104, 123, 124, 131, 139, 172

け
景観法 ……………………………………………………… 20, 191
型式適合認定 ………………………………………… 45, 55, 142
軽微な変更 ……………………………………………… 48, 49, 50
検査済証 ………………… 31, 41, 48, 50, 51, 54, 176, 182-184, 191
検査の特例 ………………………………………………… 142-144
建設住宅性能評価 ……………………………………… 18, 145
建築協定 ……………………………………………………… 12, 26

建築審査会 ……………………………… 12, 54, 55, 70, 86, 92
建築設備 …… 10, 23, 38, 40, 45, 46, 52, 53, 65, 88, 168, 186
建築物省エネ法 …………………… 14, 16, 17, 44, 55, 188, 189

こ
工事監理者 ……………………… 20, 41, 48-50, 142, 143, 177, 184
工事完了検査 ……………………………… 30, 31, 41, 48, 50, 54
工事現場の危害の防止 ………………………………………… 51
構造計算適合性判定 ………………… 16, 17, 23, 43-45, 55
構造耐力 …………………………… 10, 64, 68, 164, 168, 176
小荷物昇降機 …………………………………………… 38, 53, 65

さ
サービス付き高齢者向け住宅 ………………………… 138, 139

し
敷地内通路 ……………………… 60, 73, 104, 121, 134, 135, 137
自主条例 ………………………………………………… 10, 11, 14
シックハウス …………………………………… 114, 116, 117, 167
指定確認検査機関 …………… 16, 17, 19, 23, 40, 43, 44, 46, 49, 51, 55, 145, 174, 182-184
住宅性能評価 ……………………………………… 16, 18, 19, 145
住宅品質確保法 ………………………………………………… 20
住宅用防災機器 ………………………………………………… 33
集団規定 ………………………………………………… 12, 164, 165
重要事項説明 …………………………………………………… 22-25
主要構造部 ……………………… 45, 64, 103, 105, 118, 154, 155
準用工作物 …………………………………………… 38, 40, 52, 53
省エネ基準 ……………………………………… 14, 16, 17, 44, 189
昇降機の設置基準 ……………………………………………… 65
消防検査 ………………………………………………………… 48, 50
消防同意 …………………………………………… 34, 42, 46, 47, 176
書類の閲覧 ……………………………………………………… 184
新耐震 ……………………………………………… 168, 169, 178

せ
性能規定 ……………………………………………………… 12, 55, 88
政令指定用途 ……………………………………………… 59, 60, 62
設計住宅性能評価 ……………………………………………… 18

接道 …………………………………… 30, 50, 66, 70-73	特定防火設備 ………………… 99, 106-109, 118
接道の特例 ……………………………………… 70, 71	**に**
全体計画認定 …………………………………… 178, 179	2項道路 ……………………………………………… 71, 73
占用許可 …………………………………………………… 69	認定こども園 ………………… 21, 59, 61, 140, 141
そ	**の**
総合設計制度 ……………………………………………… 31	延べ面積 ……………………… 80, 84-86, 149, 164
損害賠償保険 ……………………………………………… 25	**は**
た	排煙告示 ……………………………………………………… 126
大規模の修繕・模様替え ……… 22, 42, 49, 147, 151, 154, 157, 164, 166, 169, 178, 180, 191	**ひ**
大規模木造建築物 ………………… 102, 103, 135	避難階 ……… 53, 62, 63, 78, 79, 107, 109, 118, 121, 133, 134
耐震改修 …………………… 23, 147, 178, 180, 181	**ふ**
耐震改修促進法 ………………………………………… 181	物品販売業を営む店舗 …………………………… 63
耐震診断 ……………………… 23, 45, 169, 178, 181	フラット35 ……………………… 16, 19, 144, 145
代替進入口 ……………………… 104, 105, 128-131	**ほ**
台帳の閲覧 ……………………………………………… 184	防炎性能 ……………………………………… 30, 32, 34
太陽光発電設備 ………………………… 186, 187, 189	防火設備 ………… 52, 53, 99-103, 105-109, 126, 137
単体規定 …………………………………… 12, 153, 164	防火対象物 …………………………… 30, 32, 34, 35
ち	防火無指定 …………………………………………… 101
地盤面 ……………………… 66, 74-77, 79, 92-94	法適合調査 ……………………………………… 182, 183
中間検査 ……………… 18, 25, 41, 48, 49, 54, 143-145, 191	歩行距離 ……………………………… 50, 118, 120, 133
つ	**み**
通知書 …………………………………… 17, 40, 42-44	民法 ……………………………………………………… 11, 67
て	**む**
定期報告 ………………………………………… 52, 53, 188	無窓の居室 ……………………… 47, 58, 132, 134
低炭素建築物 ……………………………………… 16, 19	**も**
適合性判定 ……………… 14, 16, 17, 23, 42-45, 55, 188	木造3階建て共同住宅 ………………………… 104
電子申請 …………………………………………………… 56	**ゆ**
と	床面積 ……… 80-82, 107, 110, 114, 148, 149, 155, 180, 190
特殊建築物 ……… 35, 42, 47, 51, 52, 58-60, 62, 70, 103, 105, 114, 122, 124, 126, 132, 134, 164, 166, 170, 174, 177, 181	**よ**
特定行政庁 ………… 10, 31, 34, 41, 43, 45, 46, 49, 52, 54, 55, 70, 71, 84-86, 92, 138, 144, 145, 152, 153, 177, 178, 180, 183, 184, 190, 191	用途以上不可分 ………………………………… 66, 67
	用途変更 ……………… 38, 42, 141, 170-177, 182, 183, 191
特定建築物 ……………………………… 16, 17, 44, 52	**る**
特定工程 ………………………………… 18, 48, 49, 144, 145	類似の用途 ……………………… 42, 50, 141, 170, 172
特定天井 ………………………………………… 168, 169	**ろ**
特定避難時間 …………………………………… 103, 105	路地状敷地 …………………………………………… 72, 135

第1章

法令編

01 建築基準法令

国と地方の法令の読み解き方

> **POINT**
> ◆建築を規定する法律で根幹をなすものが建築基準法である。原則として国民の生命、健康、財産を守るために、建築されるすべての建築物に適用される。建築物の敷地の衛生及び安全、構造耐力及び建築設備の性能を確保するために必要な基準が定められている。

1 建築基準法の体系

　建築を規定する法律には国が定める法律や政令、省令、告示と地方公共団体が定める条例や細則、技術的助言（通達等）とがある。建築基準法は法律と政令に基準が、省令に手続規定が、告示に技術基準（詳細）が記されている。建築基準法、建築基準法施行令をあわせて法令という。一方、地方公共団体が定める条例には、建築基準法の規定に基いて定められた「委任条例」と地方公共団体が独自に定めた「自主条例」がある。建築基準法の適用を受ける「委任条例」は建築審査の対象となる。

2 「通達」から「技術的助言」へ

　建築物の計画を法律に照らし合わせる際、法令の条文のみでは判断に迷う場合が多い。そのため法令を補完し統一的な解釈・運用ができるよう国から「通達」として公共団体に文書で示していた。平成13年の自治事務化により「通達等」はその根拠を失ったが、現在廃止されたものを除き地方自治法に基き国が地方公共団体に発する「技術的助言」に相当するものとして扱われている。法令に準ずる扱いとして、「運用指針」「取扱い」がある。

3 建築基準法令の解説書

　建築基準法の法令は条文を読んだだけで簡単に判断できるものばかりではない。全国的な扱いのばらつきをなくすために、国や特定行政庁などが関与して作成された解説書等がある。設計者や工事監理者、施工管理者が解釈に迷ったら「技術的助言」や日本建築行政会議等の解説書を読むとよい。

　また、都道府県や特定行政庁の「取扱い」や指導事項は各行政庁のホームページ上で公開されている。

表1　建築基準法令の体系

分類	区分	内容
国の定める法令	法律（基準）	建築基準法（国会が憲法に基き定める）
		制度規定と実体規定（単体規定及び集団規定）の基本的な事項を規定
	政令（基準）	建築基準法施行令（内閣が法律の委任により定める）
		法の委任によって建築物の構造、防火、設備等の技術的基準や用途に関する基準及びその他の具体的な事項を規定
	省令（手続規定）	建築基準法施行規則（国土交通大臣が定める）
		法律や政令を施行するための主として手続関係事項を規定
	告示（技術基準）注1	国土交通省告示、建設省告示（国土交通大臣が定める）
		法律や政令の委任によって、より詳細な技術的基準を規定
地方自治体の定める条例等	条例	地方公共団体の条例（地方公共団体が議会で定める）
		委任条例：建築基準法に基いて定められ、確認審査の対象となる 自主条例：地方公共団体が地方自治法に基いて独自に建築行為に係わる制限を定めたもので、確認審査の対象外である
	細則	地方公共団体の細則（地方公共団体の長が定める）
		条例を施行するための細部的な事項等を規定
	技術的助言（通達等）注2	技術的助言（地方自治法に基く助言）：法律を補完し統一的な解釈・運用ができるよう国から技術的助言が示されている
	運用指針等	法律を運用する基準として、自治体内部の運用指針、内規がある。

注1）2001年1月、中央省庁再編により建設省は国土交通省となった。建設大臣が定めた告示は「建設省告示」、国土交通大臣が定めた告示は「国土交通省告示」という。
注2）地方自治法245条の4の規定により実施されている。

✓ CHECK　建築物は民法でも規制される

建築制限	規定内容
民法234条	建築物を築造する場合は、境界線から50cm以上の距離を確保しなければならない。この規定に違反して建築しようとする場合は、隣地の所有者はその建築を中止させ、又は、変更させることができる。
民法235条	境界線から1m未満の距離に他人の宅地を見通すことのできる窓、又は、縁側やベランダを設ける者は目隠しを付けなければならない。

✓ CHECK　建築基準法令の解説書

◆日本建築行政会議（JCBA）編纂：
『建築確認のための基準総則・集団規定の適用事例』
『建築物の防火避難規定の解説』
『建築設備設計・施工上の運用指針』等

4　仕様規定から性能規定へ

　建築基準法令の規定は、政令や告示で性能基準を明示する仕様規定であったが、平成12年の改正建築基準法の施行で、性能規定が追加された。性能規定とは、建築基準法で規定する部位と要求性能が明示され、建築基準法施行令で性能水準を技術的基準として定められている。建築基準法施行令で定められている技術的基準に適合する具体的仕様は「大臣が定めた構造方法」として告示に示されている。告示に採用されなかった仕様を用いる場合は、定められた性能を有するものとして指定性能機関が発行する性能評価書により大臣の認定を受けなければならない。性能規定化に伴って避難安全検証法や天空率等、6つの「性能設計法」が導入された。

> ✓ **CHECK**　性能規定化に伴う6つの「性能設計法」
> ◆特殊の構造方法又は建築材料の大臣認定（法38条［平成27年6月復活］）
> ◆天空率：斜線制限によって確保される採光通風等と同程度以上に確保するものとして定められた性能規定（法56条7項、令135条の5、令135条の6から令135条の11）
> ◆限界耐力計算法（令82条の5）
> ◆耐火性能検証法（防火区画検証法を含む）（令108条の3）
> ◆階避難安全検証法・全館避難安全検証法（令129条、令129条の2）
> ◆エレベーター（エスカレーター）強度検証法（令129条の4）

5　知りたい条文は建築基準法令の目次を読めば見当がつく

　建築基準法令の目次の構成を理解し、条文の並び方を理解すると、調べたい項目はどこを見ればよいのか見当がつく。建築基準法には行政手続き等を中心とした「制度規定」と、建築物に対する制限を具体的に規定した「実体規定」があり、章立ては7つの章と附則・別表から構成されている。第4章・建築協定、第5章・建築審査会、第7章・罰則のそれぞれに対応する建築基準法施行令はない。「実体規定」には第2章の建築物個々の構造強度や避難上の安全・衛生を規定した、全国一律に適用される「単体規定」と、第3章の建築物が集団となって市街地を形成したときの影響を考慮して都市計画区域等に限り適用される地域限定の「集団規定（都市計画規定）」とがある。建築物の設計や確認審査の手順は、第3章の「集団規定」に照らして計画建物が建築可能かどうかを判断し、続いて第2章の「単体規定」により建築物個々の構造強度や安全、衛生等の設計内容が適法か否かの判定を行うが、建築基準法の章立ては第2章「単体規定」、第3章「集団規定」と逆の並びになっている。

表2 意外に役立つ建築基準法令の目次

	建築基準法令の目次	
	建築基準法	建築基準法施行令
制度規定	第1章：総則	第1章：総則
実体規定	【単体規定】 第2章： 建築物の敷地、構造及び建築設備	第2章：一般構造（採光、換気、居室の環境、階段、便所等） 第3章：構造強度 第4章：耐火構造、準耐火構造、防火構造、防火区画等 第5章：避難施設等 （避難階段、排煙設備、非常用の照明装置、非常用の進入口等） 第5章の2：特殊建築物等の内装 第5章の2の2：避難上の安全の検証 第5章の3：主要構造部を木造とすることができる大規模の建築物 第5章の4：建築設備等（給排水衛生設備、昇降機、避雷設備）
	【集団規定】 第3章： 都市計画区域等における建築物の敷地、構造、建築設備及び用途	第6章：建築物の用途（用途地域の制限） 第7章：建築物の各部分の高さ等 第7章の2：防火地域又は準防火地域内の建築物 第7章の2の2：特定防災街区整備地区内の建築物 第7章の3：地区計画等の区域 第7章の4：都市計画区域及び準都市計画区域以外の区域内の建築物の敷地及び構造
制度規定	第3章の2：型式適合認定等	第7章の5：型式適合認定等
	第4章：建築協定	————
	第4章の2 指定建築基準適合判定資格者検定機関等	第7章の6：指定確認検査機関等
	第4章の3 建築基準適合判定資格者等の登録	第7章の7：建築基準適合判定資格者等の登録手数料
	第5章：建築審査会	————
	第6章：雑則	第7章の8：工事現場の危害の防止 第7章の9：簡易な構造の建築物に対する制限の緩和 第7章の10：一の敷地とみなすこと等による制限の緩和 第8章：既存の建築物に対する制限の緩和等 第9章：工作物 第10章：雑則
	第7章：罰則	————
	附則・別表	附則

02 建築基準関係規定

確認審査の対象となる法令

> **POINT**
> ◆確認審査の対象となる法令には「建築基準関係規定」の 16 法令の他に、「高齢者、障害者等の移動等の円滑化の促進に関する法律」(バリアフリー法) や「都市緑地法」、「建築物エネルギー消費性能の向上に関する法律」(建築物省エネ法) の規定も「建築基準関係規定」とみなされる。これらの他に確認審査の対象となる条例もある。設計者、工事監理者、工事施工者が知っておくべき確認審査の対象となる法令等を概観する。

1 確認審査の対象となる「建築基準関係規定」(法 6 条 1 項、令 9 条)

　確認審査の対象となる法令には、建築基準法、建築基準法施行令、関連告示の他に、政令で定める 16 の「建築基準関係規定」がある。これに加えて「バリアフリー法」と「都市緑地法」、「建築物省エネ法」の 3 法令も「建築基準関係規定」とみなされる。「建築物省エネ法」は、平成 27 年 7 月 8 日に公布され、平成 28 年 4 月に一部が施行され、容積率緩和等の誘導措置が適用された。省エネ基準適合義務や適合性判定等の規制措置については平成 29 年 4 月施行となっている。これら以外の法令については確認審査の対象外となる。

2 確認審査の対象となる「委任条例」

　地方公共団体が制定する条例には 2 つある。

1. 委任条例：確認審査の対象
　　　　　　建築基準法などで、地方公共団体に条例の制定を委ねているもの。条例の最初の部分に、「建築基準法第○条に基き…」とか「建築基準関係規定…に基き」のように、その根拠となる法令が明示されている。

2. 自主条例：原則、確認審査の対象外
　　　　　　法律とは別に、地方公共団体が地方自治法に基き独自に建築行為に関わる制限を定めたもの。

表1　建築基準関係規定の16法令等

建築基準関係規定の16法令

	法令名称	該当条文	規定の内容
1	消防法	9条	火を使用する設備、器具等に関する規制
		9条の2	住宅用火災警報器の設置の義務付け
		15条	映写室の構造及び設備の基準
		17条	消防用設備等の設置、維持
2	屋外広告物法	3条から5条	屋外広告物等の制限
3	港湾法	40条	臨港地区の商港区、工業港区、漁港区等の建築用途制限
4	高圧ガス保安法	24条	圧縮天然ガスの家庭用設備の設置基準
5	ガス事業法	40条の4	ガス消費機器の基準適合義務
6	駐車場法	20条	建築物の新築又は増築の場合の駐車施設の附置
7	水道法	16条	給水装置の構造及び材質の基準
8	下水道法	10条3項	排水設備の設置等
		25条の2	排水設備の技術上の基準に関する特例
		30条	都市下水路に接続する特定排水施設の構造基準
9	宅地造成等規制法	8条	宅地造成等規制区域内の宅地造成に関する工事許可基準
		12条	宅地造成許可を受けた工事の内容の変更の許可
10	流通業務市街地の整備に関する法律	5条	流通業務地区内の建物用途規制
11	液化石油ガスの保安の確保及び取引の適正化に関する法律	38条の2	プロパンガスの基準適合義務
12	都市計画法	29条	市街化区域又は市街化調整区域内での開発行為の許可
		35条の2	開発行為変更の許可
		41条	用途地域の定めのない区域での開発許可に対する制限
		42条	開発許可を受けた土地における建築等の制限
		43条	市街化調整区域における建築等の制限
		53条	都市計画施設の区域、市街地開発事業施行区域の建築許可
13	特定空港周辺航空機騒音対策特別措置法	5条	航空機騒音障害防止地区及び防止特別地区内の防音対策
14	自転車の安全利用の促進及び自転車等の駐車対策の総合推進に関する法律	5条	一定の建築用途、規模に応じて自転車駐車場の附置を規定
15	浄化槽法	3条の2	浄化槽によるし尿処理等
16	特定都市河川浸水被害対策法	8条	地下室等への浸水防除

建築基準関係規定とみなされる3法令

	法令名称	該当条文	規定の内容
1	バリアフリー法（「高齢者、障害者等の移動等の円滑化の促進に関する法律」の略称）	14条	特別特定建築物の建築主等の基準適合義務等
2	都市緑地法	35条	緑化地域内における緑化率の最低限度
		36条	一団地認定による緑化率規制の特例
		39条	地区計画等の区域における緑化率規制の最低基準
		41条	建築基準関係規定
3	建築物省エネ法（「建築物のエネルギー消費性能の向上に関する法律」の略称）	11条	特定建築物の建築主の基準適合義務
		12条	建築物エネルギー消費性能適合性判定
		29条	建築物エネルギー消費性能向上計画の認定・表示
		35条	省エネ性能向上計画の認定、建築物の容積率の特例

03 適合性判定・性能評価ほか

確認審査と同時期に審査される制度

> **POINT**
> ◆確認審査と同時期に審査される制度として、「構造計算適合性判定」や「建築物のエネルギー消費性能基準（省エネ基準）の適合性判定」の義務規定の他、住宅の品質確保の促進に関する法律（品確法）に基く新築住宅の住宅性能表示制度による「住宅性能評価」や都市の低炭素化の促進に関する法律（エコまち法）に基く「低炭素建物の認定」、住宅金融支援機構による「フラット35」等の制度がある。「住宅性能評価」や「低炭素建築物の認定」等は、住宅瑕疵担保責任保険の加入や住宅ローンの融資優遇措置と連動している。

1 建築基準法に基く「構造計算適合性判定」（法6条の3）

「構造計算適合性判定」とは、確認審査を補完するものとして、都道府県知事あるいは、国土交通省令で定める要件を備える構造計算に関する高度な専門的知識及び技術を有する建築主事又は指定構造計算適合性判定機関が、構造計画や構造計算の詳細な過程等の審査を複層的に行う制度で、建築確認手続きとは分離されており、建築主が「構造計算適合性判定」を直接申請する。建築主は、判定終了後、建築主事等に適合判定通知書等を提出しなければ確認済証が交付されない。建築主が「指定構造計算適合性判定機関」や申請時期を選択できる（図1）。

2 建築物省エネ法に基く「省エネ基準適合性判定」（建築物省エネ法11条、12条、19条）

建築主は特定建築物（2000㎡以上の非住宅建築物）を新築する場合は、建築物省エネ法に基き建物のエネルギー消費性能基準（省エネ基準）への適合、並びに、基準適合についての適合性判定を受けなければならない。「建築物省エネ法」は、平成27年7月8日に公布され、容積率特例や表示制度等の誘導措置については、平成28年4月に施行された。適合義務や届出等の規制措置は平成29年4月施行となっている。「建築物省エネ法」とは、「建築物のエネルギー消費性能の向上に関する法律」（平成27年法律53号）の略称である（図2）。（「54 リニューアル工事関係の届出」参照）

図1 確認審査と構造計算適合性判定の流れ（法6条の3）

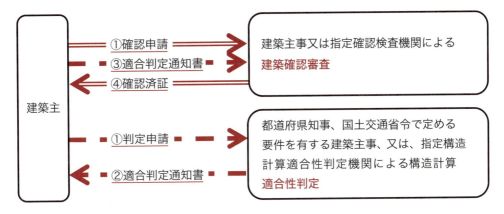

① 建築主は、確認申請と構造計算適合性判定を同時に並行申請できる。
② 建築主は、指定構造計算適合性判定機関等より「適合判定通知書」を受理。
③ 建築主は、建築主事、又は、指定確認検査機関に「適合判定通知書」等を提出しなければ、確認済証は交付されない。
④ 建築主事、又は、指定確認検査機関より確認済証を受理。

図2 建築物省エネ法の規制措置（建築物省エネ法11条、12条、19条）

> **省エネ基準適合義務・適合性判定の対象建築物**
> 特定建築物（2000m²以上の非住宅建築物）

- 新築時等に「建築物エネルギー消費性能基準（省エネ基準）」の適合義務。基準適合について、所管行政庁、又は、登録建築物エネルギー消費性能判定機関の判定を受ける。
- 建築基準法に基づく建築確認手続きに連動しており、適合判定通知書等を提出しなければ、確認済証は交付されない。

> **届出の対象建築物**
> 特定建築物を除く、300m²以上の建築物

- 届出義務。省エネ基準に適合しない場合は、所管行政庁が是正指示・命令を出す。

> **住宅トップランナー制度**
> 年間150戸以上の一戸建て住宅を新築する住宅事業建築主

- 住宅トップランナー基準に適合しない場合は、事業者に対して大臣が勧告・公表・命令

3 品確法に基く「住宅性能評価」（品確法・平成12年4月施行）

　住宅性能表示制度は、品確法に基き、住宅の性能を評価し表示するための基準や手続きを定めている。住宅の性能を表示するための「日本住宅性能表示基準」とその評価方法を定めた「評価方法基準」に基き、「登録住宅性能評価機関」が住宅の性能評価を行う。設計図書の性能を評価する「設計住宅性能評価」と施工段階と工事完成段階の現場検査結果を評価した「建設住宅性能評価」の2種類がある。「設計住宅性能評価」を受ける場合は、確認済証の交付後で、最初の検査となる基礎の配筋検査が行われるまでに設計図書の評価を、また、「建設住宅性能評価」を受ける場合は、建築基準法に基く検査済証が交付されていることが前提となっており、建築基準法に定められた中間検査の特定工程の他に住宅性能表示の「評価方法基準」に定められた検査を、「登録住宅性能評価機関」より受ける必要がある。それぞれの評価は、確認審査・検査とは連動していないが、密接に関係している。建築基準法で定める基準を下回る住宅は不適合となり、住宅性能評価書は交付されない。建設住宅性能評価書の交付を受けると「指定住宅紛争処理機関」による紛争の斡旋・調停・仲裁の制度利用が可能となる（図3）。

図3　住宅性能表示制度による性能評価の流れ

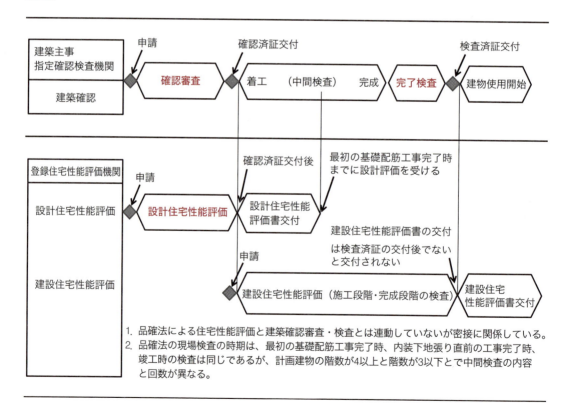

1. 品確法による住宅性能評価と建築確認審査・検査とは連動していないが密接に関係している。
2. 品確法の現場検査の時期は、最初の基礎配筋工事完了時、内装下地張り直前の工事完了時、竣工時の検査は同じであるが、計画建物の階数が4以上と階数が3以下とで中間検査の内容と回数が異なる。

4 エコまち法に基く「低炭素建物の認定」（エコまち法・平成24年12月施行）

低炭素建築物とは、市街化区域内等に建築され、二酸化炭素排出を抑制するための低炭素化に資する措置が講じられた建築物をいう。申請者は審査機関に事前の技術的審査を依頼し、認定基準を満たして適合証の交付を受ければ、都道府県または市や区の所管行政庁から低炭素建築物の認定を受けることができる。認定を受けると、税制優遇や容積率の不算入等の優遇措置が受けられる。エコまち法の54条2項の規定により低炭素建築物の認定申請と併せて建築確認申請を行う場合は、低炭素建築物の認定申請に併せて確認申請書を提出する。認定制度の詳細は、一般社団法人日本サステナブル建築協会発行の『エコまち法に基く低炭素建築物の認定制度の概要』を参照のこと。

注）エコまち法とは「都市の低炭素化の促進に関する法律」の略称。

☑ CHECK 低炭素建築物の認定による優遇措置

◆住宅の優遇措置
　①取得税や登録免許税の税制優遇
　②住宅金融支援機構の低金利住宅ローン「フラット35」の融資
　③容積率の不算入の特例措置

◆非住宅建築物の優遇措置
　①金融機関からの融資
　②容積率の不算入の特例措置

---

5 「フラット35」（住宅金融支援機構と民間金融機関が提携して提供する個人向けの住宅ローン）

「フラット35」の融資を受けるには、住宅金融支援機構の技術基準に基く、指定確認検査機関又は登録住宅性能評価機関、又は、一般社団法人日本建築士事務所協会及び公益社団法人日本建築士会連合会に登録した建築士の設計検査や中間現場検査及び竣工現場検査を受けて、適合証明書の交付を受けなければならない。新築住宅では建築基準法に基く検査済証の交付の確認が必要となる。指定確認検査機関又は登録住宅性能評価機関への設計検査の申し込みを確認申請と同時期にして、確認済証を取得すれば設計検査に合格したこととなる。「フラット35」の融資制度の詳細は、住宅金融支援機構発行の個人向け住宅ローンの案内の【フラット35】を参照のこと。

04 関係法令

確認審査とは別に規制を受ける法令

> **POINT**
> ◆確認審査とは別に規制を受ける関係法令もある。許認可手続きは計画地や建築物の規模、用途により多岐にわたり、審査期間や届出時期等にも違いがある。工事着工までに許認可手続きを行なわなければならないものもあり、許認可や届出のタイミングを失すれば建築計画にも大きな影響を及ぼす。ここでは建物用途や計画地により規制を受ける主要な関係法令を取り上げたが、これ以外にも関係法令は多数ある。詳細については各法令の本文を一読することを推奨する。

1 建物用途により規制を受ける関係法令

計画建物の用途により規制を受ける主要な法令は、工場立地法、大規模小売店舗立地法、学校教育法、旅館業法、医療法、老人福祉法、児童福祉法、駐車場法等、多岐にわたる。規制対象となる計画建物は関係法令の規定にある設置基準を満たす必要がある。工事着手までに行なわなければならない許認可手続きもあり、工事工程にも影響を及ぼす。（表1）

2 計画敷地により規制を受ける関係法令

建築物の計画敷地により規制を受ける関係規定もある。電波法、航空法、土壌汚染対策法、景観法、風致地区に関する条例等は必ず一読することを推奨する。（表2）

3 設計者、工事監理者、施工管理者が理解しておくべき関係法令等

民間工事での設計者、工事監理者の業務内容と責任範囲を明確にする規定として、民間（旧四会）連合協定の「建築設計・監理業務委託契約書」「建築設計・監理業務委託契約約款」「建築設計・監理業務委託書」がある。工事請負契約は、公共工事の場合は公共建築協会監修「公共工事標準請負契約約款」を、民間建設工事では民間（旧四会）連合協定の「工事請負契約約款」を標準請負契約約款として採用している。これらは国土交通省告示1206号に定められた建築設計や工事監理の標準業務内容や「住宅の品質確保の促進等に関する法律」（住宅品質確保法）97条（瑕疵担保責任の期間の伸長等の特例）に準拠しており、瑕疵担保条項も追補されている。この他、建設工事に着手する場合は事前に労働基準監督署長に計画の届出等も必要であり、「建設業法」と併せて「労働安全衛生法」についても、必ず一読しておくこと。（表3）

表1 建築用途により規制を受ける関係法令等

法令名称	規定の内容
工場立地法	6条、8条、12条：特定工場（敷地面積9000m² 以上、又は建築面積3000m² 以上）は、生産施設面積率≦30〜65％、環境施設面積率（緑地面積率）≧25％等の規制、90日着工制限有り
大規模小売店舗立地法	5条：大規模小売店舗（店舗面積1000m² 超）の設置基準と許認可手続き
旅館業法	2条、3条、4条：旅館、ホテル、簡易宿泊所、下宿等の営業の許可（施設の構造設備の設置基準、設置場所）　注）学校教育法、児童福祉法、社会教育法の規制を受ける
学校教育法	3条、81条、134条：幼稚園、小・中学校、高等学校、大学、高等専門学校、特別支援学校他の設置基準
児童福祉法	7条、36条、45条：助産施設、乳児院、保育所、幼保連携型認定こども園他の設置基準、最低基準
医療法	20条：医療施設（病院、診療所、助産所）の開設手続き及び施設の設置基準
駐車法	12条、20条：駐車場設置の届出、駐車場整備地区・商業地域・近隣商業地域の駐車場附置義務

注）これ以外にも関係法令や許認可手続きは数多くあるが、主要なもののみ記載した。詳細については各法令を参照のこと。

表2 計画敷地により規制を受ける関係法令等

法令名称	規定の内容
電波法	102条：伝搬障害防止区域内の指定行為（高さ31m超の高層建築物等）着手前に大臣へ届出
土壌汚染対策法	4条：土地（3000m² 以上、規則22条）の形質の変更は、知事へ届出。盛土のみの場合は届け出不要。知事はその届出の土地が特定有害物（令1条）によって汚染されている恐れがあると認めるときは、土壌汚染の状況について調査、報告を命ずることができる。
航空法	49条、51条、51条の2：空港設置許可告示の進入表面、転移表面、水平表面の上に出る高さの建造物の設置禁止。地表又は水面から60m以上の高さの物件の設置者は、航空障害燈設置。煙突、鉄塔等の航空法施行規則132条の2で定める物件で地表又は水面から60m以上の高さの物件の設置者は、昼間障害標識設置。
景観法	16条：景観計画区域内の行為届出（景観法運用指針平成23年9月）30日着手制限有り
文化財保護法	93条：開発事業に伴う周知の埋蔵文化財包蔵地発掘届出
風致地区に関する条例	第1種、第2種風致地区別に高さ、建ぺい率、外壁後退距離等の制限有り。風致地区内行為許可申請要。
河川法	55条：河川保全区域内（河川区域から18m以内等の土地）の許可。適用除外規定有り
道路法	32条：道路管理者へ道路占有許可申請

注）これ以外にも関係法令や許認可手続きは数多くあるが、主要なもののみ記載した。詳細については各法令を参照のこと。

表3 設計者、工事監理者、施工管理者が理解しておくべき関係法令・規定等

法令名称	規定の内容
建設業法	3章：建設工事の請負契約、4章：施工技術の確保
住宅の品質確保の促進等に関する法律（住宅品質確保法）	3条：日本住宅性能表示基準、3条の2：評価方法基準　82条：住宅紛争処理支援センター、97条：瑕疵担保責任の期間の伸長等の特例
労働安全衛生法	88条：計画の届出等
建築設計・監理業務委託契約書	民間（旧4会）連合協定
建築設計・監理業務委託契約約款	民間（旧4会）連合協定
建築設計・監理業務委託書	民間（旧4会）連合協定
公共工事標準請負契約約款	公共建築協会監修
工事請負契約約款	民間（旧4会）連合協定

注）これ以外にも関係法令や許認可手続きは数多くあるが、主要なもののみ記載した。詳細については各法令を参照のこと。

05 関係法令

建築士法

> **POINT**
> ◆建築物の安全性と質の確保を図るために、建築物の設計・工事監理は建築士法に定められた資格を有する建築士が行うことを義務付けている。また、業務内容や設計責任を明確にするために建築主への重要事項説明や書面による業務契約の締結を義務付けている。

1 建築士による設計及び工事監理業務等（士法3条、3条の2、3条の3）

　一定規模以上の建築物の設計及び工事監理等の業務は、建築士法に定められた資格を有する建築士でなければ行うことができない。増築、改築、大規模の修繕、大規模の模様替えをする場合は新築するものとみなす。また、建築士法に違反して設計された建築物については確認申請書の受理や工事の施工を禁止している。

表1　設計及び工事監理の建築士の資格（士法3条、3条の2、3条の3）

区分		資格のない人	木造建築士	二級建築士	一級建築士
高さ13m以下かつ軒高9m以下	木造	階数2以下かつ延べ面積100m²以下	階数2以下かつ延べ面積300m²以下	延べ面積1000m²以下（平屋は制限なし）注1	設計・工事監理は制限なしにできる
	非木造	階数2以下かつ延べ面積30m²以下	階数2以下かつ延べ面積30m²以下	延べ面積300m²以下	
高さ13m超又は軒高9m超		設計・工事監理はできない			

注1）学校・病院・百貨店・劇場・映画館・観覧場・公会堂・集会場（オーディトリアムを有しないものを除く）の用途に供するものは、延べ面積500m²以下とする。

> **CHECK**　無登録業務の禁止（士法23条、23条の10）
> ◆建築士が報酬を得て設計又は工事監理業務を業として行う場合は、「建築士事務所」を定めて都道府県知事の登録を受けなければ行うことはできない

2 構造設計及び設備設計の厳格化（士法20条の2、20条の3）

一定規模以上の建築物は構造設計、設備設計に関してはそれぞれ**構造設計一級建築士**、**設備設計一級建築士**の関与が義務付けられている。また、建築主事又は指定確認検査機関のチェックに加えて指定構造計算適合性判定機関による二重の構造計算チェックが課される建築物がある。建築士が延べ面積2000㎡を超える建築物の建築設備の設計、または、工事監理を行う場合は、**建築設備士**の意見を聴くことも努力義務となっている。ただし、設備設計一級建築士が設計を行う場合は、設計に関してこの限りではない。（士法2条5項、18条4項）

> ✓ **CHECK**　構造設計及び設備設計の厳格化（建基法6条の3）
> ◆**構造設計一級建築士**の関与の義務付け（士法20条の2）
> ・木造で高さ13m超、または、軒高9m超、鉄骨造で4階以上のもの、
> ・鉄筋コンクリート造で高さ20mを超えるもの
> 以上については建築主事、又は**指定確認検査機関**と**構造計算適合性判定機関**の2重チェックが必要となる。
> ◆**設備設計一級建築士**の関与の義務付け（士法20条の3）
> ・階数が3以上で床面積の合計が5000㎡を超える建築物

3 設計又は工事監理の業務報酬基準（士法22条の3の4）

設計又は工事監理業務の業務報酬は、設計や工事監理業務の質を確保するという観点から、国土交通大臣の定める業務報酬基準に準拠した委託代金で業務契約を締結するよう努めなければならない。業務報酬基準として、**平成21年国土交通省告示15号**に加え、耐震診断・耐震改修に係る**平成27年国土交通省告示670号**が適用される。この規定は設計受託契約等の委託者及び受託者双方に適用される。

4 設計又は工事監理の一括再委託の制限（士法24条の3）

延べ面積が300㎡を超える建築物の新築工事について、委託者の許諾を得た場合でも、委託を受けた設計又は工事監理の業務を他の設計事務所へ**一括再委託すること（丸投げ）**は禁止されている。

5 重要事項説明と書面による契約締結（士法22条の3の3、24条の7、24条の8）

延べ面積が300㎡を超える建築物の設計又は工事監理等の受託をしようとする建築事務所は、**重要事項説明**に加えて、**書面による**業務契約の締結を義務付けている。これらの規定は委託者及び受託者双方に適用され、必要事項を記載した書面に署名又は記名押印し、相互に

書面を交付しなければならない。また、建築士事務所間での契約や設計、工事監理の内容を含み一括で工事請負契約をする場合も対象となる。

受託業務の内容を明確にして、工事の関係者に周知することは、以降の工事をスムーズに進めていくために非常に重要である（図1）。

図1 重要事項説明と書面による契約締結

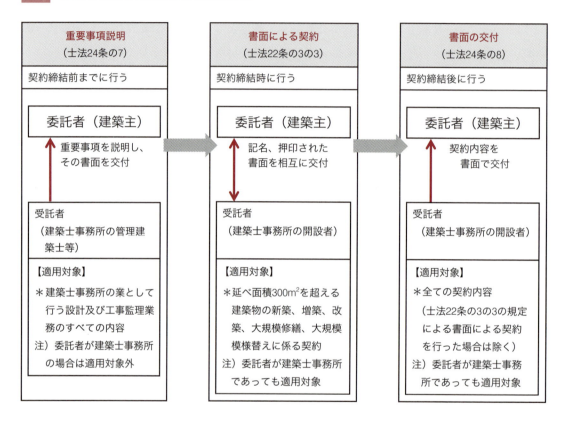

☑ **CHECK** 受託契約書面への記載事項（士法22条の3の3、24条の8）
①契約の対象となる建築物の概要
②契約業務の実施時期
③設計受託契約の場合は、作成する設計図書の種類
④工事監理受託契約の場合、工事と設計図書との照合方法及び工事監理実施状況の報告の方法等
⑤建築士事務所の名称、所在地
⑥建築士事務所の開設者氏名並びに契約業務に従事する建築士の氏名
その他、士法に規定されている基本事項は必ず記載する。

6 建築士免許証等の提示義務 （士法 19 条の 2、24 条の 7）

建築士が設計又は工事監理の受託契約をしようとする場合は重要事項説明を行なわなければならない。その際には建築士免許証等を提示することが義務付けられている。又、設計、工事監理等の委託者から請求があった場合も免許証等を提示しなければならない。

7 建築士の定期講習の受講義務 （士法 22 条の 2、士法規則 17 条の 37）

建築士事務所に所属する一級建築士、二級建築士および木造建築士は国土交通大臣の登録を受けた登録講習機関が実施する講習を原則として三年以内ごとに受講する必要がある。又、構造設計一級建築士及び設備設計一級建築士は建築士事務所の所属の有無にかかわらず建築士の定期講習の受講が義務付けられている。確認や検査の申請において、建築士の定期講習の受講状況が確認されることになっており、建築士が受講すべき定期講習を受けていない場合は、懲戒処分の対象となる場合もある。

8 損害賠償保険への加入 （士法 24 条の 9）

建築士事務所開設者は、設計等の業務に関して生じた損害を賠償するために必要な金額を担保するための保険契約への加入等、必要な措置を講ずることが求められている。

9 設計図書の保存義務と情報公開 （建基法 93 条の 2、士法 24 条の 4、士法規則 21 条）

建築士事務所は自ら設計した設計図書について、作成した日から 15 年間の保存義務がある。建築物の所在する都道府県や建築主事のいる市町村では、建築確認、中間検査、完了検査等の履歴や許可条件等の情報が記載された申請台帳や建築計画概要書が公開されており、閲覧することができる。

10 違反建築物の罰則規定 （法 7 章）

違反建築物の建築主などへの罰則規定もある。

06 関係法令

都市計画法

> **POINT**
> ◆都市の健全な発展と秩序ある整備を図ることを目的に、都市計画に必要な事項を定めた法律で、都道府県ごとに、都市計画区域、準都市計画区域、都市計画の区域外の三つ区域を定めている。都市計画区域には、市街化区域と市街化調整区域の区分が定められ、用途地域や防火地域、風致地区、駐車場整備地区の他、21の地域地区を定めており、建築基準法とも密接に関わり建築規制を伴うものが多い。

1 都市計画区域（都計法5条、13条1項及び2項）

　都道府県が、都市として総合的に整備、開発、保全する必要がある区域を都市計画区域と指定し、市街化区域と市街化調整区域に区分されている。市街化区域とは、すでに市街地を形成している区域及び概ね10年以内に優先的かつ計画的に市街化を図るべき区域で、12の用途地域を定めている。市街化調整地域とは、市街化を抑制する区域で、用途地域は定めない。市街化調整区域では厳しい規制があり、開発行為や建築行為は事前に都市計画法に基く打ち合わせが必要となる。

2 準都市計画区域（都計法5条の2、13条3項）

　都道府県が土地利用や環境保全に対する措置を講じなければ、将来都市としての整備開発保全に支障が生ずると認められる区域を準都市計画区域として指定している。一定規模以上の開発行為は、知事の許可を受けなければならない。

> **CHECK** 建築協定とは（建基法69条から77条まで）
> ◆都市計画とか条例の規定によらずに一定区域内の土地の所有者等（借地権者を含む）全員の合意による「合意協定」と開発者などの一人の土地利用者が販売前に定める「一人協定」がある。自主的な街づくりの協定で、都市計画区域内に限らず、都市計画区域外においても締結できる。協定締結以降に協定区域内の土地の所有者となった者にも効力が及ぶ。

3 建築基準法の規定が適用される都市計画区域及び準都市計画区域（建基法41条の2）

建築基準法3章の都市計画区域等における建築物の敷地、構造、建築設備及び用途の規定は、都市計画区域及び準都市計画区域内に限り適用される（図1、表1）。

図1 都市計画区域、準都市計画区域、都市計画の区域外の概念図

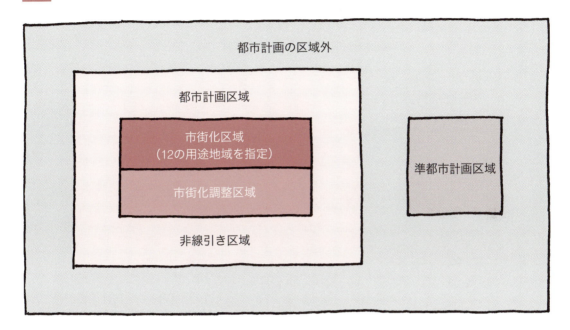

表1 都市計画区域、準都市計画区域、都市計画の区域外の概要

都道府県内	都市計画区域	市街化区域	12の用途地域を定める
		市街化調整区域	原則として、用途地域を定めない
	準都市計画区域		用途地域、特別用途地区の定めはあるが、都市施設や、市街地開発事業は定めない
	都市計画の区域外		建築行為は、原則行うことができない

4 市街化区域には12の用途地域がある（都計法8条1項、9条）

市街化区域は、都市計画図（用途地域図）で住居系7、商業系2、工業系3の12用途地域に色分けされている。区域の指定のない部分は「白地」となっている。建築基準法48条に基づく建築物の用途の制限では、1種低層住居専用地域、2種低層住居専用地域、1種中高層住居専用地域が建築できる用途で規制し、他の用途地域では建築できない用途を規制している（表2）。

表2 用途地域内の建築制限（法別表2・用途地域一覧）

用途地域の種類

建築物の用途		
住居系	住宅、共同住宅、寄宿舎、下宿	
	老人ホーム、身体障害者福祉ホーム等	
	兼用住宅のうち店舗、事務所等が一定規模以下のもの（令130条の3）	
公益施設系	神社、寺院、教会等	
	巡査派出所、公衆電話所等	
	保育所、公衆浴場、診療所	
	老人福祉センター、児童厚生施設等	
	幼稚園、小学校、中学校、高等学校	
	大学、高等専門学校、専修学校等	
	図書館、博物館等	
	病院	
商業系	店舗、飲食店等	床面積の合計が150m²以下の一定のもの（令130条の5の2）
		床面積の合計が50m²以下の一定もの（令130条の5の3）
		上記以外の物品販売業を営む物品販売店舗、飲食店
	上記以外の事務所等	
	ボウリング場、スケート場、水泳場等	
	ホテル、旅館	
	自動車教習所、畜舎、（床面積の合計が15m²以上のもの）	
	マージャン屋、パチンコ屋、射的場、勝馬投票券売場等	
	カラオケボックス等	
	自動車車庫	2階以下、かつ、床面積の合計が300m²以下のもの
		3階以上、又は、床面積の合計が300m²超のもの（一定規模以下の付属車庫を除く）
	営業用倉庫	
	劇場、映画館、演芸場、観覧場	客席部分の床面積が200m²未満のもの
		客席部分の床面積が200m²以上のもの
	料理店、キャバレー、ナイトクラブ、ダンスホール等	
	個室付浴場業に依る公衆浴場等	
工業系	工場	作業場の床面積の合計が50m²以下、かつ、危険性、環境悪化のおそれが非常に少ないもの
		作業場の床面積の合計が150m²以下、かつ、危険性、環境悪化のおそれが少ないもの
		作業場の床面積の合計が150m²超、又は、危険性、環境悪化のおそれがやや多いもの
		危険性が大きい、又は、著しく環境を悪化させるもの
	自動車修理工場	作業場の床面積の合計が150m²以下のもの
		作業場の床面積の合計が300m²以下のもの
	日刊新聞の印刷所	
	火薬類、石油類、ガス等の危険物の貯蔵、処理施設	量が非常に少ないもの（例、ガソリン等1000ℓ以下、灯油等5000ℓ以下）
		量が少ないもの　　　（例、ガソリン等2000ℓ以下、灯油等10000ℓ以下）
		容量がやや多いもの　（例、ガソリン等10000ℓ以下、灯油等50000ℓ以下）
		量が多いもの　　　　（量が無制限）
嫌悪施設	卸売市場、と畜場、火葬場、処理施設	

注1）一定規模以下のものに限り建築することができる。
注2）当該用途に供する部分が2階以下、かつ、1500m²以下の場合に限る
注3）該当用途に供する部分が3000m²以下の場合に限る

第1種低層住居専用地域	第2種低層住居専用地域	第1種中高層住居専用地域	第2種中高層住居専用地域	第1種住居地域	第2種住居地域	準住居地域	近隣商業地域	商業地域	準工業地域	工業地域	工業専用地域
注1	注1										
		注4									
			注2	注3	注5	注5			注5		
			注2	注3							
				注3							
				注3							
				注3							
					注5	注5			注5		
			注2	注3							
			注6	注6	注6	注6	注6	注6	注6	注6	注6

注4）物品販売店舗、及び、飲食店舗は禁止されている
注5）床面積の合計が10000m²を超える大規模建築物は禁止する。用途地域の指定のない区域においても同様とする。
注6）都市計画による位置の決定等の手続きが必要である。　　　建てられる用途　　　建てられない用途

5　開発行為の規制と許可要件 （都計法29条）

　開発行為とは、建築物の建築又は特定工作物の建設の用に供する目的で行う土地の区画形質の変更をいう。開発行為の目的や規模により規制を受ける（表3）。

表3　開発行為の規制と許可要件

許可を要する開発行為の規模	
市街化区域 【開発区域の面積≧1000m²】	・都道府県及び市町村の区域で、必要と認められる場合は、300m²～1000m²未満の範囲で別途定める。 ・首都圏整備法、近畿圏整備法、中部圏開発整備法の規定に該当する区域は、1000m²を500m²に読み替える。
区域区分の定めのない 都市計画区域、準都市計画区域 【開発区域の面積≧3000m²】	・都道府県及び市町村の区域で、必要と認められる場合は、300m²～3000m²未満の範囲で別途定める。
許可を要しない開発行為	
区域区分の定めのない 都市計画区域、準都市計画区域	農業、林業、漁業の用に供する建築物及びこれらの業を営む者の住居を建築することが目的の開発行為
すべての区域	公益上必要な駅舎その他鉄道施設、図書館、公民館、変電所等の建築物で、土地利用、環境保全上支障がないもの
	都市計画事業の開発行為、土地区画整理事業、市街地再開発事業、住宅街区整備事業や防災街区整備事業等災害時の開発行為

6　開発許可の建築制限解除 （都計法36条3項、37条）

　開発許可を受けた土地は、開発工事が完了した旨の公告があるまでは、建築物を建築してはいけない。ただし、37条の建築制限解除を受けた場合は、建築工事と並行して開発工事を行い、建築工事完了検査までに開発工事完了検査を受け検査済証を受理すればよい（図2）。道路の築造を伴う開発工事の場合は、道路が完成しておらず未接道の敷地となるため、別途建築基準法43条但し書き許可等の手続きを完了しておく必要がある。

> ✓ **CHECK**　60条証明・開発不要証明 （都計法8条1項、9条）
> ◆市街化調整区域の土地や、市街化区域で1000m²（地域により500m²）を超える土地で建築物の建築をする場合は、建築確認申請時に計画建物が都計法29条に適合していることの証明が必要となる。特定行政庁によっては確認申請書に添付することを必須としているところもある。証明書の交付を受けるには、所管の市区町村に申請手続きをする。

図2　開発許可と建築工事の流れ

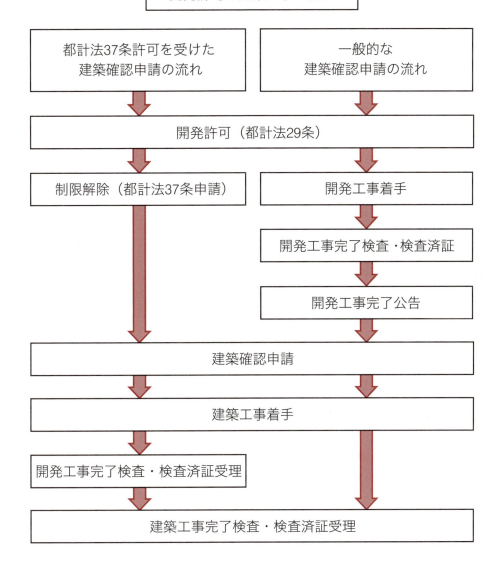

> ☑ **CHECK**　総合設計制度（建基法59条の2）
> ◆法令上は「総合設計制度」という用語はない。建基法59条の2の「敷地内に広い空地を有する建築物の容積率等の特例」により、敷地内に政令で定める一定の要件を満たす空地を確保することにより、市街地環境の整備改善に資することが認められる場合は、特定行政庁の特例許可で、容積率及び高さ制限の緩和措置が設けられている。
> 法86条1項の規定による「総合的設計」は用語が似ているが別のものである。

07 関係法令

消防法

> **POINT**
> ◆消防法は建築基準法と違って建築物の設計、施工に必要な規定ばかりではない。実際に火災が発生してから消防活動に至るまでの消防に関する規定が一元的に集約されている。消防法は、建築基準法に密接に関わりのある消防用設備等の設置、維持や防火対象物、インテリア装飾材料の防炎性能、危険物（主として石油類）の屋内貯蔵等の条文を重点的に読みこなせばよい。

1 消防法令の構成

消防法令は、消防法（法律）、消防法施行令（政令）や消防法施行規則（省令）で構成されている。消防法は性能を規定しているが、具体的な設置基準等は、すべて「消防法施行令」及び「消防法施行規則」で規定している。

2 消防法とは別建てとなっている危険物

危険物関係の「危険物の規制に関する政令」と「危険物の規制に関する規則」の政省令は消防法とは別建てとなっている。消防法上の「危険物」とは、消防法別表第1の第四類・引火性液体の石油類が大部分を占めており、第1石油類（ガソリン等）、第2石油類（灯油等）、第3石油類（重油等）、第4石油類（クレオソート油等）に区分される。一定量以上の危険物を取り扱う危険物施設の規制は、消防法の規制が建築基準法の規制に優先する。

3 消防用設備等の種類 （消防法17条、消防法施行令7条）

建築防災にとって重要な「消防用設備等」とは「消防の用に供する設備（消防用設備）」の他、「消防用水」と「消火活動上必要な施設」の総称である。「消防の用に供する設備」とは「消火設備」、「警報設備」及び「避難設備」をいう。消防法は消火、避難その他の消防の活動のために必要な設備等の基本性能を規定しているが、「消防用設備等」の設置、維持についての技術的基準は消防法施行令、及び、消防法施行規則で規定している。消防法令は、消防法17条の消防用設備等の設置・維持に関する関連条文だけを読めばよいといっても差し支えない（表1）。

表1　消防用設備等の種類

消防用設備の設置・維持			消防法17条
消防用設備等の種類			消防法施行令7条
消防用設備等	消防の用に供する設備	消火設備	①消火器・簡易消火用具（水バケツ、水槽、乾燥砂、膨張ひる石、膨張真珠岩） ②屋内消火栓設備 ③スプリンクラー設備 ④水噴霧消化設備 ⑤泡消化設備 ⑥不活性ガス消火設備 ⑦ハロゲン化物消火設備 ⑧粉末消火設備、 ⑨屋外消火栓設備 ⑩動力消防ポンプ設備	消防法施行令 10条から20条 消防法施行規則 6条から21条
		警報設備	①自動火災報知設備 ②ガス漏れ火災警報設備、 ③漏電火災警報器 ④消防機関へ通報する火災報知設備 ⑤非常警報器具（警鐘、携帯用拡声器、手動式サイレン等） ⑥非常警報設備（非常ベル、自動式サイレン、放送設備）	消防法施行令 21条から24条 消防法施行規則 23条から25条の2
		避難設備	①避難器具（すべり台、避難はしご、救助袋、緩降機、避難橋等） ②誘導灯（客席誘導灯、通路誘導灯、避難口誘導灯） ③誘導標識	消防法施行令 25条、26条 消防法施行規則 26条から28条の2
	消防用水		防火水槽、これに代わる貯水池その他の用水	消防法施行令27条
	消火活動上必要な施設		①排煙設備 ②連結散水設備 ③連結送水管 ④非常コンセント設備 ⑤無線通信補助設備	消防法施行令 28条から29条の3 消防法施行規則 29条から31条の2

☑ **CHECK**　住宅用防災機器について

◆火災による死傷者の大部分は、夜間の就寝時の住宅火災で発生している。電池式で火災の発生時に警報音を発生する簡易式の住宅用防災機器は、消防法9条の2の規定ですべての住宅の寝室等に、火災の発生を早期に感知し、通報する住宅用防災機器の設置を義務付けている。既存の住宅についても遡及適用される。この措置はそれぞれの市町村の火災予防条例の規定を受けて実施されている。

注）住宅（共同住宅を除く）は消防法17条の令別表第1の用途ではないので、同表の防火対象物の規制の対象外である。

4 建築許可等についての消防長又は消防署長の同意 （消防法7条、建基法93条）

　建築基準法上、建築主事等が建築確認をする場合に、建築物の工事施工地又は所在地を管轄する消防長又は消防署長の同意が必要である。特定行政庁が許可を与える場合も同様である。ただし、防火・準防火地域以外の住宅（共同住宅等を除く）は、必要がない。消防長、又は、消防署長は、建築物の計画が建築物の防火に関する法令の規定に違反していなければ同意を与えなければならない。消防同意事務は、確認を与える建築主事等、又は、許可を与える特定行政庁に対して行う行政庁内部の連絡調整事務であり、申請者に対して行うものではない。

5 防火対象物（＝建築物）の用途分類 （消防法施行令別表第1）

　消防法上、消防用設備の義務付けは、防火対象物の用途に従って定めている。防火対象物の分類は、消防法施行令別表第1で（1）項から（20）項までに分類されている。そのうち（1）項から（18）項までが消防用設備等と関連のある防火対象物で、建築物と同義と解釈して差し支えない。この防火対象物の用途分類は、建築基準法上の特殊建築物と密接に関わっている（表2）。

6 インテリア装飾材料の防炎性能

　天井や壁の内装材は建築物の一部であり、建築基準法の「内装制限の規制」を受ける。カーテンやカーペットのように建築物に固定されないインテリア装飾材料については、消防法の「防炎規制」を受ける。

　防炎規制の対象となる防火対象物に使用するカーテン等の「防炎対象物品」には、「防炎性能」を有する旨の防炎物品の表示をしなければならない。防炎性能とは、カーテン等の繊維を薬品処理して、その素地が炎を上げて燃え上がらないように処理したものである。

> ☑ **CHECK** 防炎規制の対象となる防火対象物（消防法8条の3、消防法施行令4条の3）
> ◆高さ31mを超える高層建築物
> ◆地下街（地下道を含む地下道に面して設けられた店舗等）
> ◆防火防炎対象物（劇場、キャバレー、旅館、病院その他）
> 　＊消防法施行令別表第1：（1）項から（4）項、（5）項イ、（6）項、（9）項イ、（12）項ロ及び（16の3）項の掲げる防火対象物
> ◆複合用途防火対象物
> ◆工事中の建築物、その他の工作物

表2 防火対象物の用途分類と特殊建築物

消防法施行令・別表第1		建基法・別表第1
分類	防火対象物の用途	特殊建築物の用途
(1)項	イ：劇場、映画館、演劇場、観覧場 ロ：公会堂、集会場	(1)項相当
(2)項	イ：キャバレー、カフェー、ナイトクラブ等 ロ：遊技場、ダンスホール ハ：性風俗関連特殊営業店舗等 ニ：カラオケボックス等	(4)項相当
(3)項	イ：待合、料理店等 ロ：飲食店	(4)項相当
(4)項	百貨店、マーケット、物品販売業店舗、展示場	(4)項相当
(5)項	イ：旅館、ホテル、宿泊所等 ロ：寄宿舎、下宿、共同住宅	(2)項相当
(6)項	イ：病院、診療所、助産所 ロ：老人福祉施設、有料老人ホーム等 ハ：老人デイサービスセンター等 ニ：幼稚園、特別支援学校	(2)項相当
(7)項	小・中学校、高等学校、大学、高等専門学校等	(3)項相当
(8)項	図書館、博物館、美術館等	(3)項相当
(9)項	イ：蒸気浴場、熱気浴場等の公衆浴場 ロ：上記以外の公衆浴場	(4)項相当
(10)項	車両の停車場又は船舶若しくは航空機の発着場	該当なし
(11)項	神社、寺院、教会その他	該当なし
(12)項	イ：工場、作業場 ロ：映画スタジオ、テレビスタジオ	(6)項相当
(13)項	イ：自動車車庫、駐車場 ロ：飛行機又は回転翼航空機の格納庫	(6)項相当
(14)項	倉庫	(5)項相当
(15)項	前各項に該当しない事業場	該当なし
(16)項	複合用途防火対象物	該当なし
(17)項	文化財保護法による重要文化財等の建造物	該当なし
(18)項	延長50m以上のアーケード	該当なし

☑ **CHECK** 避難階段等に放置された物件等の除去命令は消防法

◆消防法5条の3「消防吏員による防火対象物における火災の予防、又は、消防活動の障害除却のための措置命令」の規定では、「消防長、消防署長その他消防吏員は、防火対象物において消火、避難その他の消防活動に支障となる物件の所有者等に対して放置された物件の整理、又は、除去を命ずることができる」と規定している。一方、建築基準法では建築物の使用基準を定めていないため、建築物内の物件の放置を取り締まる法的根拠は明確にされていない。

法令用語の読み方・使い方

　法令には用語の読み方や使い方に一定のルールがある。このルールを理解すれば法条文を正確に、素早く読み取ることができる。

（1）数量の限界の表示法「以上・以下」と「超える・未満」

　数値上の大小の限界を表す、「以上」、「以下」はその限界となる基準点を含み、「超える」、「未満」は基準点を含まない。

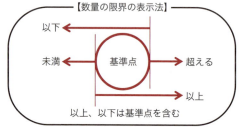

（2）並列の接続詞「及び」と「並びに」

- ＡとＢの２つの用語を並列させる場合は、「Ａ及びＢ」。Ｃ、Ｄ、Ｅの全てのように、３つ以上の用語を並列する場合は、途中を句読点でつないでいき、最後の用語の前に「及び」を設けて、「Ｃ、Ｄ及びＥ」とする。
- 「及び」で接続された少し意味の異なるものをつなぐ場合、例えば「ＡとＢの両方」と「Ｃ、Ｄ、Ｅの全て」をつなぐ場合は、「Ａ及びＢ」並びに「Ｃ、Ｄ及びＥ」のように「並びに」を用いて接続する。このように「及び」は小さい連結を、「並びに」は大きな連結をする時に用いる。

（3）選択の接続詞「又は」と「若しくは」

- ＡかＢのどちらかといった、２つの用語を選択的に並べる場合は、「Ａ又はＢ」。Ｃ、Ｄ、Ｅのいずれかといった、３つ以上の用語を選択的に並べる場合は、「Ｃ、Ｄ又はＥ」のように「又は」で接続する。
- 「又は」を用いて選択的に並べたグループを２以上並列する場合は、「Ａ又はＢ」と「Ｃ、Ｄ、又はＥ」のそれぞれのグループの「又は」を「若しくは」に替えて、「Ａ若しくはＢ」又は「Ｃ、Ｄ若しくはＥ」とする。小さな選択には「若しくは」、大きな選択には「又は」を用いる。

（4）要件をともに満たす「かつ」

- ＡとＢの両方の要件をともに満たす場合は、「ＡかつＢ」。

第 2 章

手続き編

08 全体のフロー

工事の流れと手続き

> **POINT**
> ◆建築物を建築する際には、工事着手前に設計図書等が建築基準法令や建築基準関係規定の法令に適合していることの確認審査を受け、工事期間中並びに工事完成時にもその建物が法令の基準に適合して施工されていることの検査を受けなければならない。設計から施工、完成・引渡し、維持保全等に至る建築手続きの流れを概観する。

1 設計から施工、完成・引渡しまでの建築手続き

建築物の建築に関する手続きの主体は建築主である。建築手続きは工事着手前の手続き、工事期間中の手続き、建物使用開始後の手続きの3つに大別される（図1）。

2 確認の対象には、建築物、建築設備、準用工作物の3種類がある（法6条1号）

建築物を建築する際には、確認申請、及び、各種検査等の手続きが必要である。大規模な修繕や模様替え、建築物の用途変更についても確認申請の規定が準用されることがある。建築物の他に政令で指定する建築設備、準用工作物についても、同様の確認申請、及び、各種検査の手続きが必要となる。

> **CHECK** 確認の対象となる建築物・建築設備・準用工作物
> ◆建築物（法6条1項）
>   1）新築、増築、改築、移転
>   2）大規模な修繕や模様替え（準用される場合がある）
>   3）建築物の用途変更（準用される場合がある）
> ◆政令で指定する建築設備（法87条の2、令146条）
>   1）昇降機
>   エレベーター、エスカレーター、小荷物専用昇降機（テーブルタイプを除く）
>   2）建築設備（法12条3項・特殊建築物定期報告・検査の対象となる設備）
> ◆政令で指定する準用工作物（法88条、令138条）
>   建築物に含まれない広告塔、煙突、遊戯施設等の指定工作物

図1 工事の流れと手続き

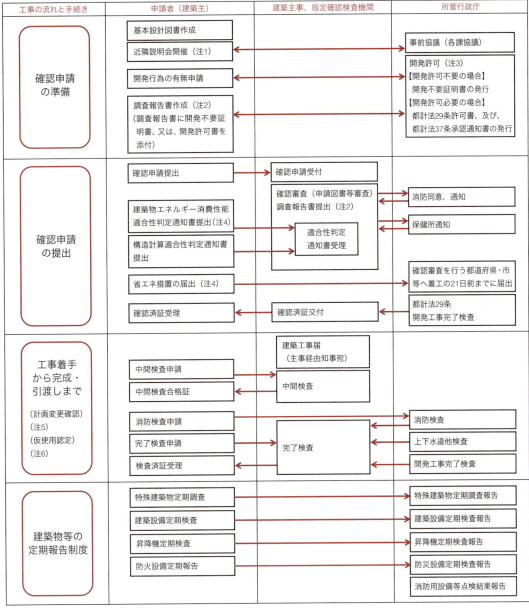

(注1) 近隣同意は指導要綱等の制度に基づき実施する（地域により異なる）
(注2) 関係行政庁の各課と協議し裏判受理（地域により異なる）
(注3) 開発許可は「**06 都市計画法**」
(注4)「省エネ法（旧法）」による省エネ措置の届出は平成29年3月まで。以降は「建築物省エネ法（新法）」の規定が適用される。
　　　「建築物エネルギー消費性能適合性判定」は平成29年4月施行。計画変更がある場合は適合性判定を受けなおさなければ工事着手できない。
(注5) 計画変更は「**10 確認申請の提出**」
(注6) 仮使用認定は「**11 工事着手から完成・引渡しまで**」

09 工事着手前

確認申請の準備

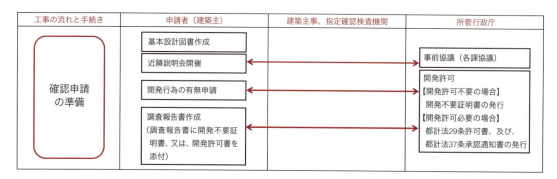

1 確認申請書の様式（規則1条の3）

　確認申請には、建築物、準用工作物、建築設備の3種類があるが、ここでは建築物の確認申請について説明する。確認申請書の様式と記載要領は、建築基準法施行規則1条の3で詳細に定められている。確認申請書の様式と記載例については、国土交通省のHPに掲載されている。確認申請書の用紙は各特定行政庁や各指定確認検査機関のHPからダウンロードできる。

> ☑ **CHECK** 確認申請書の構成（規則1条の3）
> ◆基本申請書類
> 　①確認申請書・正副各1通（2号様式）、②建築計画概要書（3号様式）、③設計図書、④代理者により確認申請を行う場合、委任状、⑤設計者の建築士免許証（写）、⑥他の法令や条項による許可（認定）書等（写）、⑦建築工事届、⑧建築物除去届
> ◆構造計算を行った場合の追加書類
> 　①構造安全性証明書、②構造計算に使用したプログラムの認定書（写）、③構造計算書、④構造計算の条件並びに構造計算の過程及び結果を記録した磁気ディスク等

2 申請者とは

　確認申請の申請者とは建築主のことである。建築主が2以上ある場合は、代表となる建築主を記載し、その他の者は別紙に記載して添付する。確認申請の代理者とは、建築主から依頼を受けて申請の代理行為を行う者。代理者が申請をする場合は、建築主の委任状を確認申請書に添付する。

3 設計者、工事監理者、工事施工者の選定 （士法18条、20条の2、20条の3）

　確認申請をする際には、設計者、工事監理者、工事施工者を選定し、申請書に記載しなければならない。設計者や工事監理者、工事施工者がそれぞれ2以上ある場合は、代表となる者を記載し、その他の者は別紙に記載して添付する。設計者欄には、構造設計図書や設備設計図書をまとめた設計事務所や構造設計一級建築士や設備設計一級建築士である旨表示した者、及び、建築設備の設計に関して意見を聴いた者がいる場合は、その者の氏名も記載する。申請時に工事監理者や工事施工者が未定のときは「未定」と記載し、工事着手前までに選定して届け出をしなければならない。

4 確認申請の責任の所在を明確にする

　建築確認申請の責任の所在をはっきりさせるため「確認申請書」には、申請者、設計者と工事監理者の全員並びに工事施工者の氏名を記名しなければならない。「中間検査申請書」や「完了検査申請書」についても同様である。「建築計画概要書」には、計画敷地に関する属性や建築物の主用途、工事種別、工事着手予定日、工事完了予定日等の他、前願確認済証や前願検査済証の他、許認可等を記載する。

5 開発行為の有無判定 （都計法29条、都計法36条、都計法施行規則60条）

　確認申請を提出する前に、計画建物の工事に伴う開発行為の有無について所管の都道府県知事へ申請しなければならない。開発行為がない場合は「開発不要証明書」を、開発行為がある場合は原則として「都計法29条の許可」を受け、開発工事が完了し、完了公告があるまでは建築工事に着手できない。ただし、「都計法37条の承認」を受ければ、開発工事と建築工事を同時に進めて、開発工事完了検査と建築確認の完了検査を同時期に受けることができる。「開発不要証明書」又は、「開発許可書」を特定行政庁によっては確認申請書に添付を義務付けているところもある（「06 都市計画法」参照）。

6 事前協議並びに近隣同意

　所轄行政庁の各課との事前協議や建築地周辺自治会への近隣説明会の開催及び近隣同意は、指導要綱等の制度に基き実施する。所轄行政庁各課との指導内容や協議内容等、及び、近隣との同意事項等は調査報告書に記載して確認申請に添付しなければ確認申請の受付が行われないのが一般的である。

10 工事着手前

確認申請の提出

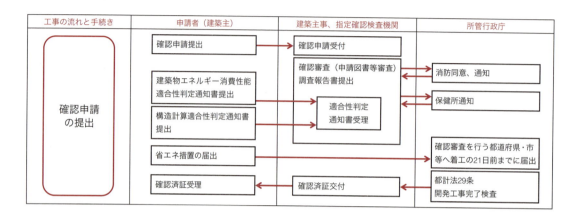

1 確認申請が必要となる建築行為（法2条13号、2条14号、2条15号、87条1項）

建築物の建築（確認不要の建築物もある）や大規模の修繕・模様替え、及び、特殊建築物への用途変更や計画変更を行う場合は、確認申請の規定の準用を受ける。ただし、用途変更でも、<u>類似の用途相互間の用途変更</u>（令137条の18）や、<u>軽微な計画変更</u>（規則3条の2）については確認申請は不要となる。

表1　確認の対象となる建築物とその工事種別（法6条1項）

法6条1項	確認の対象となる建築物					確認の対象となる工事種別
	用途・構造	面積	階数	高さ	軒高	
一号	特殊建築物	>100m²	—	—	—	建築（新築、増築、改築、移転） 大規模の修繕・模様替え 特殊建築物への用途変更
二号	木造	下記のいずれかに該当するもの				建築（新築、増築、改築、移転） 大規模の修繕・模様替え
		>500m²	≧3	>13m	>9m	
三号	非木造	下記のいずれかに該当するもの				建築（新築、増築、改築、移転） 大規模の修繕・模様替え
		>200m²	≧2	—	—	
四号	上記以外で、都市計画区域内、準都市計画区域内、準景観地区内、知事指定区域内の建築物					建築（新築、増築、改築、移転）

注）大規模の修繕・模様替えとは、主要構造物の一種以上について行う過半の修繕・模様替えをいう。

2 確認申請書の審査期間 （法6条4項及び6項、77条の27）

　確認申請書の審査期間の規定は、建築主事に申請する場合に適用され、指定確認検査機関に申請する場合は適用されない。指定確認検査機関の審査期間は、それぞれの指定確認検査機関の定めによる。

> ✓ **CHECK** 　確認申請書の審査期間（法6条4項、6項）
> ◆法6条1項一号から三号の建築物は、35日以内
> 　注）構造計算適合性判定の対象建築物である場合等は、35日の範囲に限り期間延長することができる。
> ◆法6条1項四号の建築物は、7日以内

　建築主事、又は、指定確認検査機関は、申請の内容が建築基準関係規定に適合すると認めた場合は、確認済証を交付しなければならない。申請建物が建築物エネルギー消費性能適合性判定、並びに構造計算適合性判定を要する場合は、建築主はその審査結果を示す適合判定通知書又はその写しを建築主事、又は、指定確認検査機関に提出しなければ確認済証の交付を受けることはできない。指定確認検査機関が確認審査をした場合は、確認済証の交付の日から7日以内に確認審査報告書を作成し、建築計画概要書に加え、確認申請書の4面（棟別）・5面（階別）、「確認審査等に関する指針」（平成19年告示835号）に従って確認審査を行ったことを証する書類及び建築物エネルギー消費性能適合性判定、並びに構造計算適合性判定の判定通知書又は写しを添えて、特定行政庁へ提出することになっている。（規則3条の5）

> ✓ **CHECK** 　「確認済証」と「通知書」（法6条4項、7項）
> ◆確認済証（法6条4項）
> 　建築主事は、確認申請書を受理した場合、申請に依る建築物の計画が建築基準関係規定に適合するかどうかを審査し、建築基準関係規定に適合することを確認したときは、確認済証を交付しなければならない。
> 　注）指定確認検査機関が発行した確認済証は建築主事が発行したものとみなされる。（法6条の2）
> ◆通知書（法6条7項）
> 　建築主事は、申請に依る計画が建築基準関係規定に適合しないことを認めたとき、又は申請書の記載によっては建築基準関係規定に適合するかどうかを決定することができない正当な理由があるときは、その旨及び理由を記載した通知書を申請者に交付しなければならない。

3　建築物エネルギー消費性能適合性判定（建築物省エネ法11条、12条）

　建築主は、「建築物省エネ法」で定める規模以上の特定建築物（2000m²以上の非住宅建築物）を建築する場合には、計画建物を建築物エネルギー消費性能基準（省エネ基準）に適合させなければならない。「建築物省エネ法」の規定は、建築基準法6条1項に規定する建築基準関係規定とみなされる。建築主は特定建築物の工事に着手する前に、建築物エネルギー消費性能確保計画を提出し、所管行政庁の建築物エネルギー消費性能適合性判定（適合性判定）を受け、その適合判定通知書、又は、その写しを建築主事、又は、指定確認検査機関に提出しなければ確認済証は交付されない。所管行政庁は特定建築物が省エネ基準に適合する場合は、原則14日以内（合理的な理由がある場合は、28日の範囲内で延長）に適合通知書を交付しなければならない。建築物エネルギー消費性能確保計画を変更する場合は、工事に着手する前に、改めて変更後の建築物エネルギー消費性能確保計画を提出し、適合性判定を受けなければならない。

✓ CHECK　省エネ基準の適合性義務と適合性判定

「建築物省エネ法」は平成27年7月8日公布。適合義務や届出義務等の規制措置は平成29年4月施行。

◆特定建築物（政令で定める2000m²以上の非住宅建築物）
1. 新築する場合は、所管行政庁、又は、登録建築物エネルギー消費判定機関の適合性判定を受け「建築物エネルギー消費性能基準（省エネ基準）」に適合させなければならない。
2. 適合性判定は、建築確認手続きと連動しており、適合性判定通知書、又は、その写しを建築主事、又は、指定確認検査機関に提出しなければ、確認済証の交付を受けられない。

◆特定建築物を除く、300m²以上の建築物
1. 届出義務
2. 省エネ基準に適合しない場合は、所管行政庁の指示・命令

4　構造計算適合性判定（法6条5項）

　建築確認の審査と構造計算適合性判定は分離され、建築主は建築確認とは別に、指定構造計算適合性判定機関に直接申請をする。判定終了後、建築主事、又は、指定確認検査機関に適合性判定通知書等を提出しなければ確認済証は交付されない。
[高度な構造計算による構造計算適合性判定の対象となる建築物]
　構造計算適合性判定の対象となる高度な構造計算とは、許容応力度計算（ルート2）、保有水平耐力計算（ルート3）、限界耐力計算を指す。国土交通省令で定める構造設計一級建築士、構造計算適合判定資格者、国土交通大臣が行う講習を修了した者等の要件を備える建築主事、

又は、確認検査員が審査を行う特定行政庁、又は、指定確認検査機関（ルート2審査対応機関）に確認申請を提出する場合は、許容応力度計算（ルート2）については、構造計算適合性判定の対象外となる。

なお、高さが60mを超える建築物については、その安全性について国土交通大臣の認定を受けることが義務付けられているため、重ねて構造計算適合性判定を受ける必要はない。法20条（構造耐力）の規定に既存不適格である建築物の増改築を行う際に、高度な構造計算を行う場合は、新築の場合と同様に構造計算適合性判定の対象となる。なお、耐震診断基準で構造安全性を確かめる場合は、構造計算適合性判定の対象外である。

5 型式適合認定の特例（法68条の10、平成19国住指2327号・法68条の20）

型式適合認定とは、建築材料、主要構造部、建築設備、その他の建築物の部分や工作物の部分について、政令で定める型式の技術的基準に適合することを国土交通大臣が認定したものをいう。標準設計によって同じタイプの建築物を多数建築する場合やエレベーターのように工場であらかじめ大量生産される材料や部材等を用いる場合は、認定や認証の内容に応じて確認申請時の添付図書や明示すべき事項の記述を省略することができる。認証型式部材等を用いて新築された工事が建築士により工事監理された場合は、確認審査や検査が省略される。

> ✓ **CHECK** 確認審査・検査を省略できる型式適合認定の特例（法68条の20）
> ◆**標準設計**による建築物の型式（法68条の10）
> 　戸建て住宅の標準プラン等
> ◆**工業製品**の型式（法68条の10）
> 　プレハブ住宅、エレベーター、防火設備等
> ◆**構造方法等の認定**（法68条の25）
> 　建築物の構造上の基準その他の技術的基準に関するもので、構造方式、建築材料、又は、プログラムによる大臣の認定をいう。

> ✓ **CHECK** 型式適合認定建築物への増築
> 型式認定範囲に増築可能である旨、明記がなされていない場合は増築できない。型式適合認定範囲に増築可能である旨明記されている型式適合認定建築物は、在来工法での建築物や同じ型式適合認定を受けた建築物を増築することができる。
> 注）**型式適合認定**とは、所定の型式等のものが、法に適合していることを国土交通大臣が認定したもの。「確認の特例」の対象となり、一定の項目の審査が省略され、添付図書も簡略化される。

6 計画通知（法18条2項）

　国や都道府県、建築主事を置く市町村の他、独立行政法人や地方の公社等が建築主事に提出する建築計画を「計画通知」という。計画通知の手続きは、国などの機関には建築主事と同等の知識を有する者が配置され、建築基準法の実質的な審査を自ら行っているとみなされて、建築主事が審査する内容は変わらないが、通常の確認申請の手続きとは全く異なっている。確認申請の副本に相当するものと建築計画概要書はない（平成19年6月20日以降のものはある）。

7 許可又は確認に関する消防長等の同意と通知（法93条、消防法7条）

　特定行政庁、建築主事又は指定確認検査機関（建築主事等）は、許可又は確認をする場合は、計画建築物の工事施工地又は所在地を管轄する消防長又は消防署長の同意を得なければ、許可又は確認をすることができない。ただし、防火地域及び準防火地域以外の区域内における住宅や政令で指定する昇降機その他の建築設備、準用工作物については、消防長等の同意は不要である。消防長等は、建築物の計画が防火に関する規定に違反しない場合は同意を与えて、その旨を特定行政庁、建築主事等に通知しなければならない。同意をすることができない事由がある場合も、その旨通知をしなければならない。

　消防同意事務は、建築確認を与える建築主事、又は指定確認検査機関や許可を与える特定行政庁に対して行う行政庁内部における連絡調整事項であり、建築確認の申請者に対して与えられるものではない。消防同意の審査事項の適用基準については、消防法に規定されているものの他、消防予2号（平成7年1月10日）の通知の別表「建築基準法及び同施行令による審査事項の適用基準」に基き審査がなされる。

☑ CHECK　建築確認は羈束(きそく)行為

建築主事等（特定行政庁や指定民間確認検査機関）が行う確認行為は、提出された建築計画が建築基準関係規定に適合するかどうかを審査し、その結果が、適合している場合は、確認をする義務があり、裁量の余地はない。建築確認は羈束行為である。確認済証の交付は、建築主事等が設計内容について建築基準関係規定に適合していると確認をしただけであって、建築をすることを認めたり、建物の使用を許可するというものではない。

注）羈束行為：行政庁の行為のうち、自由裁量の余地のない行為。法の規定が一義的であって、行政庁はそれをそのまま執行しなければならない行為。

表2 消防同意の審査事項（建築基準法及び同施行令による審査事項の適用基準）

消防同意の審査事項（建築基準法及び同施行令による審査事項の適用基準）		
	建築基準法令条文と内容	
道路との関係、敷地内通路	法35条・令128条	敷地内の通路
	令128条の2	大規模な木造等の建築物の敷地内における通路
	法43条	敷地等と道路との関係
	法44条	道路内の建築制限
主要構造部の制限	法21条1項、2項	大規模の建築物の主要構造部等
	法27条	耐火建築物等としなければならない特殊建築物
	法35条の3	無窓の居室等の主要構造部
	法61条	防火地域内の建築物
	法62条	準防火地域内の建築物
屋根	法22条	屋根
	法63条	屋根
外壁等	法23条	外壁
	法24条	木造建築物等である特殊建築物の外壁等
	法25条	大規模の木造建築物等の外壁等
	法64条	外壁の開口部の防火戸
	法65条	隣地境界線に接する外壁
防火区画	法26条	防火壁
	法36条・令112条	防火区画（面積区画、竪穴区画、異種用途区画）
	法36条・令114条	建築物の界壁、間仕切壁及び隔壁
廊下	法35条・令119条	特殊建築物等の避難及び消火に関する技術的基準、廊下の幅
階段	法35条・令120条	直通階段の設置
	法35条・令121条	2以上の直通階段を設ける場合
	法35条・令121条の2	屋外階段の構造
	法35条・令122条	避難階段の設置
	法35条・令124条	物品販売業を営む店舗における避難階段等の幅
	法36条・令23条	階段及びその踊場の幅並びに階段のけあげ及び踏面の寸法
	法36条・令24条	踊場の位置及び踏幅
	法36条・令25条	階段等の手すり等
	法36条・令26条	階段に代わる傾斜路
出入口	法35条・令118条	特殊建築物等の避難、消火の技術的基準、客席からの出口の戸
	法35条・令125条	屋外への出口
	法35条・令125条の2	屋外への出口等の施錠装置の構造等
屋上広場	法35条・令126条	屋上広場等
内装制限	法35条の2	特殊建築物等の内装
非常用昇降機	法34条2項	非常用の昇降機
排煙設備	法35条・令126条の2	排煙設備の設置
非常用照明	法35条・令126条の4	非常用の照明装置の設置
非常用進入口	法35条・令126条の6	非常用の進入口の設置
地下街	法35条・令128条の3	地下街
簡易な構造の建築物	法84条の2	簡易な構造の建築物に対する制限の緩和
その他	法40条	地方公共団体の条例による制限の付加

11 工事中
工事着手から完成・引渡しまで

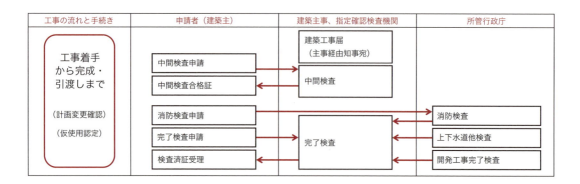

1 工事着手から完成・引渡しまでの流れ

　工事着手にあたって、確認済証が交付されると建築主事経由で知事宛に「**建築物工事届**」が提出される。工事の途中で建築計画の変更が生じた場合は、変更工事に着手する前に、計画変更の確認申請が必要となる。軽微な変更の場合も軽微な変更手続きが必要である。工事に着手すれば、工事現場の危険防止等の届けや中間検査の他、各種の検査が行われ、建物の完成、引渡しまでの手続きは多岐にわたる。

> ☑ **CHECK** 工事着手から完成・引渡しまでの流れ
> ①**建築物工事届**、建築物除却届
> ②着工（設計意図、工事監理方針、及び、施工計画の確認）
> ③建築計画に変更がある場合、計画変更の確認申請又は軽微な変更手続き
> ④**特定工程**が**中間検査**の対象となる場合は、中間検査を受け、中間検査合格証の交付を受ける。中間検査合格書の交付を受けた後でないと次の工程に着手できない。
> ⑤工事監理者による**工事完了検査**の実施、及び、工事監理報告書の作成
> ⑥建築主より完了検査申請書を建築主事、又は、指定確認検査機関へ提出し、**完了検査**を受けて検査済証の交付を受ける
> 注）消防検査、所管行政庁の検査等は完了検査とほぼ同時期に行われる。

2 「建築物工事届」と「建築物除却届」（法15条1項、規則8条）

　統計上の必要性から、建築主が建築物を建築しようとする場合「**建築物工事届**」を、又、

工事に伴い既存建築物の除却を行う場合は除却工事者が「建築物除却届」を、建築主事を経由してその旨を都道府県知事に提出しなければならない。ただし、建築物、又は、工事による部分の床面積が 10m² 以内であれば届出をしなくてもよい。

3 工事現場における確認の表示等（法89条）

建築工事は、建築主事、又は、指定確認検査機関から確認済証の交付を受けてからでないと工事に着手できない。法6条1項の建築物の新築、増築、改築、移転、及び、大規模の修繕又は模様替えの工事を行う施工者は、工事現場の見易い場所に、国土交通省令で定める様式によって、建築主、設計者、工事監理者、工事施工者及び工事の現場管理者の氏名及び工事名称並びに確認があった旨の表示をしなければならない。また、工事現場には工事に係る設計図書を備えておかなければならない。

4 中間検査（特定工程）（法7条の3、7条の4、7条の5）

中間検査は工事の施工段階での法適合を検査するもので、建築主は、特定工程の工事が終了したときは建築主事等に中間検査を申請する。中間検査合格証が交付されないと、次の工事工程を施工できない。特定工程を含まない工事の場合は、中間検査は不要である。中間検査申請書には工事監理者が作成した「工事監理状況の報告書」の添付が義務付けられている。

> ✓ **CHECK** 中間検査の対象となる特定工程と中間検査申請書の提出時期
> ◆中間検査の対象となる特定工程（法7条の3第1項、令11条）
> 全国一律に適用される特定工程と特定行政庁が指定する特定工程がある。
> 全国一律に適用される特定工程とは、「階数が3以上」の「共同住宅」で「2階の床及びこれを支持するはりに鉄筋を配置する工事の工程」をいう。
> 注）「階数が3以上」であっても、地下2階、地上1階建てのように、特定工程の地上2階の床及びはりがない場合は、該当しない。
> ◆中間検査の申請書の提出と検査の時期（法7条の3、法7条の4）
> 建築主は原則、特定工程の工事終了日から4日以内に建築主事等に中間検査申請書の提出をしなければならない。中間検査を建築主事が行う場合は、申請書を受理してから4日以内に検査をしなければならない。指定確認検査機関が行う場合は、契約による。

5 確認を要しない「軽微な変更」（法6条1項、規則3条の2）

確認を受けた建築物の計画変更をする場合には、軽微な変更を除き、計画変更確認申請が必要となる。変更後の計画が建築基準関係規定に適合することが明らかなもので、規則3条の2第1項のいずれかに該当する場合は、確認は不要で、軽微な変更手続きのみでよい。

> ✅ **CHECK** 軽微な変更に該当する主なもの（規則3条の2）
>
> ①敷地境界線の変更がなく、前面道路の幅員が大きくなる、接道部分が長くなる場合
> ②敷地面積が増加
> ③建築物の高さの減少
> ④階数の減少
> ⑤建築面積の減少
> ⑥床面積の合計が減少
> ⑦類似の用途相互間での用途変更
> ⑧井戸、屎尿浄化槽の位置の変更
> ⑨防火上主要でない間仕切り壁の位置の変更
> ⑩防火上の材料・構造又は防火設備で、性能が同等のものあるいは性能が優れたものへの変更
> ⑪採光・換気に有効な部分の拡大や歩行距離の減少等による開口部の変更
> ⑫直天（直張天井）を除き、天井の高さを高くする変更

6 工事監理報告書並びに監理業務完了届（士法20条3項、規則17条の15）

　工事監理者は、建物が完成すると工事請負契約に定められたとおりの設計品質に合致した建物であることの確認を行い、建築主に「**工事監理報告書並びに監理業務完了届**」を提出し、建物が完成したことを報告する。その後、工事監理者、施工者は建築主の検査に立ち会い、確認を受ける。

7 工事完了検査（法7条、7条の2、7条の5、7条の6）

　建築主は建築主事に**工事完了届**を提出し、**完了検査**の申請を行う。工事監理者は**工事監理報告書**で、法令への適合性への確認を義務付けられている。建築主事の確認並びに検査を受け、検査済証が交付されて、はじめて建築主は建物の使用が可能となる。工事完了検査は、確認申請と同様に指定確認検査機関に申請を出して、検査を受けることができる。

　設備関係の検査は、受変電設備から始まり、上下水道、高圧ガス、通信設備等があり、また、保健所への届け等、多岐にわたる。試運転段階から検査が始まるものもあるので、関係者に周知しておく必要がある。

8 消防検査（消防法17条の3の2）

　消防検査は、消防法17条に規定されている消防用設備が対象となる。消防用設備等、又は、特殊消防用設備等を設置した時は、総務省令の定めにより、その旨を消防長、又は、消防署長に届け出て、検査を受けなければならない。消防検査の前に自主検査や設備機器性能の測定を行い、所定の「**消防設備試験結果報告書**」と「**消防用設備等設置届出書**」を所管の消防署に決められた期日までに提出しておく必要がある。検査の対象となる項目は、消防の用に供する「消火設備」「警報設備」「避難設備」と消防用水の「防火水槽等」、消火活動上必要な「排煙設備」「連結散水設備」「連結送水管」「非常コンセント設備」「無線通信補弱設備」の消

防用設備等の他に、「危険物」「受変電設備・発電機・蓄電池」である（「07 消防法」参照）。

9 工事現場の危害の防止（法90条）

建築物の新築、増築、改築移転、及び、大規模な修繕、模様替え、又は、除去のための工事の施工者は、政令で定める技術的基準にしたがって工事現場の危害防止に必要な措置を講じなければならない。工事現場に設ける仮設事務所は建築確認不要であり、防火規定等の適用が免除されている。

> ✓ **CHECK** 工事現場の危害の防止等に関する技術的基準（法90条）
> ①工事現場の周囲には高さ1.8mの仮囲いを設ける。（令136条の2の20）
> ②根切り工事、山留め工事等を行う場合の危害の防止（令136条の3）
> ③基礎工事用機械等の転倒による危害の防止（令136条の4）
> ④落下物に対する防護（令136条の5）
> ⑤建築物の建て方における安全対策（令136条の6）
> ⑥工事用材料の集積による倒壊、崩落の落下対策（令136条の7）
> ⑦工事現場における火災の防止策（令136条の8）
> 注）これらの規定に加えて、労働基準法、労働安全衛生法、火薬取締法、騒音防止法等の規制を受ける。

10 仮使用認定制度（法7条の6）

検査済証の交付を受ける前の建築物は、原則として使用が禁止されているが、安全上、防火上、及び避難上支障がないものとして建築基準法の仮使用の認定を受けた場合は、仮に建築物の使用が認められる。また平成27年6月1日の建築基準法改正により民間指定確認検査機関でも仮使用認定を行うことができるようになった。（仮使用認定を受けなくても検査済証の交付を受ける前に使用できる建築物は「特殊建築物で、その用途に供する部分の床面積の合計が100m²以下」「木造で2階以下、又は延べ面積が500m²、高さが13mもしくは軒の高さが9m以下」「木造以外で平屋、又は延べ面積が200m²以下」に限られている。）

> ✓ **CHECK** 仮使用時にエレベーターを使用したい場合
> エレベーターの完了検査を受ける必要がある。
> 仮使用部分が一部の階であっても、すべての階の乗降口や昇降路は工事を完了し、エレベーターのすべての規定に適合している必要がある。

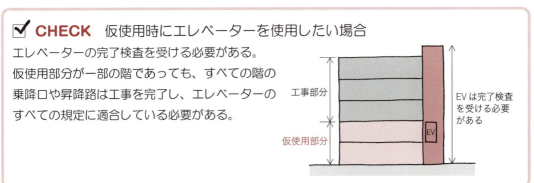

12 建物使用開始後

建築物等の定期報告制度

　安全性を確認する必要性の高い建築物等については、国が一律に<u>定期報告</u>を義務付けている。それ以外にも、特定行政庁が地域の実情に応じて定期報告を必要とする建築物等を指定している。定期報告は昇降機、建築設備（昇降機を除く）、防火設備、準用工作物についても義務付けられている。建築基準法令の他に、消防法に基く<u>消防設備定期検査</u>や不特定多数が利用する3000m²以上の建築物の所有者は、厚生労働省令に基く「建築物における衛生的環境の確保に関する法律」（<u>ビル管理法</u>）の届出や報告、検査もある。

表1　定期報告制度により義務付けられた定期調査・定期検査

定期調査・定期検査	定期調査・定期検査の資格者	報告の時期
特定建築物定期調査	一級建築士、二級級建築士又は特定建築物調査員	特定行政庁が定める期間（6月から3年までの間）
建築設備定期検査	一級建築士、二級建築士又は建築設備検査資格者 注）特定行政庁の指定した建築物のみが対象	特定行政庁が定める期間（6月から1年までの間）
防火設備定期検査	一級建築士、二級建築士又は防火設備検査員	特定行政庁が定める期間（6月から1年までの間）
昇降機設備定期検査 準用工作物定期検査	一級建築士、二級建築士又は昇降機検査資格者	特定行政庁が定める期間（6月から1年までの間）

注）　調査及び検査の項目は、平20国交告282号（建築物）、283号（昇降機）、284号及び285号（建築設備）に基くものや特定行政庁が定めた規則による。

☑ CHECK　定期報告の対象（法12条）

◆定期報告が必要な建築物（令16条1項）
　①不特定多数の者が利用する建築物
　②高齢者等の自力避難が困難なものが就寝用途で利用する建築物（就寝用福祉施設）
　注）法27条、在館者による避難が終了するまでの耐火性能の確保の適用を受ける建築物

◆定期報告を要しない建築物（定期報告告示第1・平成28年国土交通省告示240号）
　①避難階以外の階を特殊用途に供しない建築物
　②屋外観覧場
　③共同住宅、寄宿舎及び下宿（避難に配慮が必要な高齢者の専用となっているものを除く）
　④学校及び学校に付属する体育館等
　⑤児童福祉施設等（高齢者、障害者、妊産婦、又は、乳児が就寝利用するものを除く）

◆定期報告が必要な昇降機（令16条3項一号）
　令129条の3第1項各号に掲げる昇降機

◆定期報告を要しない昇降機（定期報告告示第2の各号）
　①一つの住戸のみに利用される昇降機
　②積載荷重が1トン以上の荷物エレベーター
　　（注）労働安全衛生法施行令に基く定期報告があり、重複を避けるため不要である
　③テーブルタイプの小荷物専用昇降機

◆定期報告が必要な建築設備（昇降機を除く）
　建築基準法令では指定していないが、特定行政庁が必要として指定したもの

◆定期報告が必要な防火設備（令16条3項二号）
　令16条1項各号に掲げる建築物に設ける防火設備
　注）小規模な病院や就寝用福祉施設で定期報告の対象外であっても、これらの建築物に設ける防火設備は定期報告の対象となる

◆定期報告が必要な準用工作物（令138条の3）
　①観光のための昇降機（令138号一号）
　②遊戯施設（令138条二号、又は三号）

13 審査機関

行政機構と主な業務

> **POINT**
> ◆平成10年の官民の役割分担の見直しにより、行政組織の簡素化を図り、建築確認・検査等の民間開放や性能規定化に適切に対応するため各指定機関が新設された。

1 特定行政庁（法2条35号）

　特定行政庁とは、建築主事を置く市町村の区域についてはその市町村長をいい、その他の区域では都道府県知事をいう。特定行政庁は、建築許可や違反建築物に対する措置命令など、建築基準法に基く建築行政全般を司る行政機関である。特定行政庁の権限である「許可」「認定」等の制度については民間に開放されていない。

> **CHECK　特定行政庁による許可・認定**
> ◆特定行政庁による許可
> 　建築基準法上、本来は禁止されていることを、裁量によってこの禁止条項を解除することを許可という。特定行政庁が許可をする際は、判断に客観性を与えるために、その許可に利害関係のある者から公聴会で意見の聴取を行い、かつ、建築審査会の同意を得ることが義務付けられている。また、許可に係わる建築物を管轄する消防署長等の同意を得なければならない。
> ◆特定行政庁による認定
> 　裁量により禁止条項を解除する許可ほどに強くはないが、建築主事の確認という業務になじまない種々の状況判断を伴う場合は、特定行政庁に認定という形で行政判断をさせることとしている。例えば、連坦建築物設計制度（法86条の2第2項）の適用を受けられるかどうかの判断は、特定行政庁の認定により示される。

2 建築主事（法4条）

　建築主事とは、建築基準適合判定資格者検定に合格し、建築確認に関する事務を司るために地方公共団体に設置される公務員である。特定行政庁には建築主事以外にも区域ごとに審査する担当者がいるが、建築主事は担当者の審査した内容について最終責任を負う。建築主事の主な業務は、建築確認、中間検査、及び、工事完了検査の申請書の受理、審査並びに検査とその結果に基く確認済証、中間検査合格証、検査済証の交付である。

3 各指定機関等の業務

行政組織の簡素化と性能規定化に適切に対応するため、「指定建築基準適合判定資格者検定機関」「指定構造計算適合性判定資格検定機関」「指定確認検査機関」「指定構造計算適合性判定機関」「指定認定機関・承認認定機関」「指定性能評価機関・承認性能評価機関」「登録建築物エネルギー消費性能判定機関・消費性能評価機関」の指定機関が設置されている。

表 1　各指定機関等の業務

	指定機関名称	該当法令	主な業務内容
1	指定建築基準適合判定資格者検定機関	法 5 条の 2、77 条の 2 から 17	国土交通大臣の指定により、建築基準適合判定資格者検定事務を行なう。
2	指定構造計算適合判定資格者検定機関	法 5 条の 5、77 条の 17 の 2	国土交通大臣の指定により、構造計算適合判定資格者検定事務を行なう。
3	指定確認検査機関	法 77 条の 18 から 35	建築基準適合判定資格者のなかから選任した確認検査員により建築確認や検査業務を行う。
4	指定構造計算適合性判定機関	法 77 条の 35 の 2 から 21	構造計算適合性判定員による建築物の構造計算に対する第 3 者チェックを実施する機関。
5	指定認定機関 承認認定機関	法 77 条の 36 から 55	型式適合認定の業務を行う機関。国土交通大臣の指定を受けた指定認定機関と承認による承認認定機関。
6	指定性能評価機関 承認性能評価機関	法 77 条の 56、57	性能規定について一般的な検証法以外の構造方法等の場合、大臣認定の事前性能評価を行う機関。国土交通大臣の指定を受けた指定性能評価機関と承認をうけた承認性能評価機関。
7	登録建築物エネルギー消費性能判定機関、登録建築物エネルギー消費性能評価機関	建築物省エネ法 739 条から 55 条、56 条から 62 条	性能判定機関は、国交省令により適合性判定員による建築物エネルギー消費性能適合性判定の業務を行う。消費性能評価機関は、国交省令により登録建築物の認定をするための評価をする業務を行う。

注）「建築物のエネルギー消費性能の向上に関する法律（建築物省エネ法）」は、平成 27 年 7 月 8 日に公布され、容積率特例や表示制度等の誘導措置については、平成 28 年 4 月に施行。適合義務や届出等の規制措置は平成 29 年 4 月から施行。

4 建築審査会（法 78 条）

建築許可とは、法律で禁止されている建築行為を特定行政庁が特定条項に基いて許可をすることをいう。特定行政庁がこの許可をする場合は、建築許可の可否について、事前に建築審査会で審査して同意を得たもののみ許可される。特定行政庁、建築主事又は指定確認検査機関の処分等に不服がある者は、建築審査会に対して審査請求をすることができる。建築審査会は建築主事を置く市町村又は都道府県に置かれ、建築許可が必要な確認申請で、指定民間確認検査機関へ確認申請を提出する場合は、予め特定行政庁の建築許可を取得してから確認申請をする必要がある。

確認申請の電子化

　確認申請の電子化については、国土交通省の技術的助言「建築確認手続き等における電子承認の取扱いについて（2014年5月）」を受けて、建築行政センターより「建築確認検査電子申請等ガイドライン（2014年12月）」が発行されている。

　確認申請手続きや審査には、建築主、申請者、設計者、特定行政庁、指定確認検査機関、指定構造計算適合性判定機関、消防本部等、多くの関係機関等が関与する。情報インフラ等の社会基盤が完全に整備されていない状況の中で、確認の電子申請は、国土交通大臣から認可を受けた指定確認検査機関との間に限定して電子文書のやり取りが行われているが、それ以外の特定行政庁を含む第3者とのやり取りは試行され始めたところである。電子申請がなされた場合でも、確認済証は書面で交付される。

(1) 電子申請について

　電子申請については、現在は特定行政庁が指定した区域に限り実施され始めている。建築設備、昇降機、工作物の確認申請書についても同様である。建築基準法施行規則で定められている以下の申請書等は磁気ディスク等の電子媒体を用いて申請を行うことができる。
　①建築物の確認申請書、②建築計画概要書、③計画変更確認申請書、④中間検査申請書、⑤完了検査申請書、⑥工事完了届、⑦仮使用認定申請書、⑧定期調査報告書、⑨定期検査報告書、⑩建築工事届、建築物除去届、⑪計画通知書、⑫許可・認定・指定申請書、⑬構造計算書の一部、⑭構造計算適合性判定申請書等

(2) 電子署名について

　確認申請書に添付する図面などを電子化する場合は、行政手続オンライン化法に基き、申請者、設計者、工事監理者等の署名については、書面申請の場合と同等の証明を代替できる電子署名を付与する必要がある。電子署名は、商業登記法や地方公共団体の認証業務などで用いられる電子証明書を使用する。
※「電子署名・認証・タイムスタンプ―その役割と活用―」（総務省・2009年3月）参照。

第3章

新築編

14 用語

知っておきたい法令用語

> **POINT**
> ◆建築基準法の条文は法令用語の独特な表現でわかりづらい。「政令で定めるところにより」とか「法第○条の規定の定めるところにより」と表記されており、法令の該当するところを繰り返し読み返さなければならない。建築基準法を読み解くツボとして押さえておくべき法令用語について解説する。

1 法別表第1と密接に関係のある特殊建築物

　法別表第1は、法27条「耐火建築物等としなければならない特殊建築物」の別表として用いられている。法別表第1の見出し部分の（　）書きで6条、27条、28条、35条、35条の2、35条の3、90条の3の関係とある。それぞれの条文を読めば、別表第1（い）欄（1）項から（6）項に掲げる「用途に供する特殊建築物」又は「用途に供するもの」と規定している。この7つの条文が法別表第1（い）欄に掲げる特殊建築物の関連規定である。

> **CHECK**　法別表第1と密接に関係のある特殊建築物
> ◆**特殊建築物**の定義（法2条二号）
> 　学校（専修学校、各種学校を含む）体育館、病院、劇場、観覧場、集会場、展示場、百貨店、市場、ダンスホール、遊技場、公衆浴場、旅館、共同住宅、寄宿舎、下宿、工場、倉庫、自動車車庫、危険物の貯蔵場、と畜場、火葬場、汚物処理場その他これに類する用途に供する建築物をいう。
> 　注1）この他に政令で指定する用途の建築物もある。
> 　注2）事務所、戸建住宅、神社、寺院等は特殊建築物に該当しない。
> ◆**法別表第1**と密接に関係のある7つの関連規定
> 　①建築物の建築等に関する申請及び確認（法6条）
> 　②耐火建築物等としなければならない特殊建築物（法27条）
> 　③居室の採光及び換気（法28条）
> 　④特殊建築物等の避難及び消火に関する技術的基準（法35条）
> 　⑤特殊建築物等の内装（35条の2）
> 　⑥無窓の居室等の主要構造部（法35条の3）
> 　⑦工事中における安全上の措置等に関する計画の届出（法90条の3）

2 法別表第 1（い）欄の政令指定用途（令 115 条の 3、一号から四号）

　別表第 1（い）欄の（1）項から（6）項に掲げる用途の欄には、「その他これらに類するもので政令で定めるもの」とだけ表記されており、「政令で定めるもの」について具体的に明示していない。政令指定用途の<u>特殊建築物</u>については、令 115 条の 3 の一号から四号で規定している。前項で説明をした［<u>法別表第 1</u> と密接に関係ある 7 つの関連規定］を読むたびに、令 115 条の 3 を繰り返し読み返さなければならない。(1) 項及び(5) 項は、政令で未制定となっている。建築基準法を効率よく読みこなすコツとして、手元の建築基準法令集の法別表第 1（い）欄に、政令指定用途を書き加えて、カスタマイズすると効率よく法条文を読み解くことができる。

表 1　法別表第 1（い）欄の政令指定用途

	（い）用途
(1)	劇場、映画館、演芸場、観覧場、公会堂、集会場、その他これらに類するもので政令で定めるもの ※政令では未制定
(2)	病院、診療所（患者の収容施設があるものに限る）、ホテル、旅館、下宿、共同住宅、寄宿舎その他これらに類するもので政令で定めるもの 【児童福祉施設（幼保連携型認定こども園を除く）、助産所、身体障害者社会参加支援施設（補装具制作施設及び視聴覚障害者情報提供施設を除く）、保護施設（医療保護施設を除く）、婦人保護施設、老人福祉施設、有料老人ホーム、母子保健施設、障害者支援施設、地域活動支援センター、福祉ホーム、又は、障害福祉サービス事業（生活介護、自立訓練、就労移行支援、又は、就労継続支援を行う事業に限る）】 ※児童福祉施設等とは、令 115 条の 3、一号、及び、令 19 条で規定している
(3)	学校、体育館、その他これらに類するもので政令で定めるもの 【博物館、美術館、図書館、ボーリング場、スキー場、スケート場、水泳場、又は、スポーツの練習場】 ※令 115 条の 3、二号で規定している
(4)	百貨店、マーケット、展示場、キャバレー、カフェー、ナイトクラブ、バー、ダンスホール、遊技場、その他これらに類するもので政令で定めるもの 【公衆浴場、待合、料理店、飲食店、又は、物品販売業を営む店舗（床面積が 10m² 以内のものを除く）】 ※令 115 条の 3、三号で規定している
(5)	倉庫、その他これに類するもので政令で定めるもの ※政令では未制定
(6)	自動車車庫、自動車修理工場、その他これらに類するもので政令で定めるもの 【映画スタジオ、又は、テレビスタジオ】 ※令 115 条の 3、四号で規定している

注）【　】内は、筆者が法別表第 1（い）欄に、令 115 条の 3 の一号から四号、及び、令 19 条の 1 項の規定を加筆した

3 特殊建築物等の避難及び消火に関する技術的基準（法35条）

　避難及び消火に関する政令で定める技術的基準には、廊下、避難階段、出入口等の避難施設や消火栓、スプリンクラー、貯水槽等の消火設備の他、排煙設備、非常用の照明装置、進入口、敷地内通路等の避難上及び消火上必要な設備もある。建築基準法では消火設備等の技術的基準は定めていない。消防法17条の消防用設備等の設置、維持の規定に準拠して設けなければならない。

✓ CHECK 　特殊建築物等の避難及び消火に関する技術的基準（法35条）

◆政令で定める技術的基準の適用される建築物等
1. 別表第1（い）欄（1）項から（4）項に掲げる特殊建築物
2. 階数が3以上である建築物
3. 採光上の無窓居室を有する階、又は延べ面積が1000m²を超える建築物
　　注）建築物が開口部のない耐火構造の床、又は壁で区画されている部分はそれぞれ別建物とみなす。

◆政令で定める技術的基準
・直通階段の設置（令120条）
・2以上の直通階段を設ける場合（令121条）
・避難階段の設置（令122条）
・避難階段及び特別避難階段の構造（令123条）
・屋外への出入口（令125条）
・屋上広場等（令126条）
・排煙設備の設置（令126条の2）
・非常用の照明装置の設置（令126条の4）
・非常用の進入口の設置（令126条の6）

---

4 政令指定用途の特殊建築物等

　法条文では、「次の各号のいずれかに該当する特殊建築物は…」とあり、各号で「法別表第1（い）欄に掲げる用途に供するもの」、あるいは、「その他これらに類する建築物で政令で定めるもの」、「その他これらに類する建築物で政令で定める居室」と表記されているが、法条文には具体的な明示はなく、不親切な表記となっている。押さえておくべき政令指定用途の特殊建築物について主なものを解説する。

(1)「児童福祉施設等」及び「児童福祉施設等の居室」

　法28条（居室の採光及び換気）では、「住宅、学校、病院、診療所、寄宿舎、下宿その他これらに類する建築物で政令で定めるものの居室には、採光のための窓その他の開口部を設

け…」となっているが、「その他これらに類する建築物で政令で定めるものの居室」については法条文には具体的な明示はない。令 19 条 1 項を読んで、はじめて政令で定める建築物が「児童福祉施設等」とわかる。

> ☑ **CHECK** 児童福祉施設等（令 19 条 1 項）
> 児童福祉施設等とは、
> 　①児童福祉施設（幼保連携型認定こども園を除く）
> 　②助産所
> 　③身体障害者社会参加支援施設（補装具制作施設及び視聴覚障害者情報提供施設を除く）
> 　④保護施設（医療保護施設を除く）
> 　⑤婦人保護施設
> 　⑥老人福祉施設
> 　⑦有料老人ホーム
> 　⑧母子保健施設
> 　⑨障害者支援施設
> 　⑩地域活動支援センター
> 　⑪福祉ホーム又は障害福祉サービス事業（生活介護、自立訓練、就労移行支援又は就労継続
> 　　支援を行う事業に限る）
> の用に供する施設をいう。

> ☑ **CHECK** 児童福祉施設等の居室（令 19 条 2 項）
> 児童福祉施設等の居室とは、
> 　①保育所及び幼保連携型認定こども園の保育室
> 　②診療所の病室
> 　③児童福祉施設等の寝室（入所する者の使用するものに限る）
> 　④児童福祉施設等（保育所を除く）の居室のうちこれらに入所し、又は通う者に対する保育、
> 　　訓練、日常生活に必要な便宜の供与その他これらに類する目的のために使用されるもの
> 　⑤病院、診療所及び児童福祉施設等の居室のうち入院患者又は入所する者の談話、娯楽その
> 　　他、これらに類する目的のために使用されるもの

(2) **学校等**（令126条の2第1項二号）

　排煙設備の設置が免除される特殊建築物として、政令指定用途の「学校等」について定義している。同様に非常用の照明設備や内装制限が免除される特殊建築物にも「学校等」の用語が出てくるが、学校等の定義については令126条の2第1項二号にのみ明示しているだけである。

> ✓ **CHECK**　学校等の定義と関連規定（令126条の2第1項二号）
> ◆学校等とは、学校（幼保連携型認定こども園を除く）、体育館、ボーリング場、
> 　スキー場、スケート場、水泳場、又は、スポーツの練習場をいう。
> 　注）法別表第1（い）欄（3）項の政令指定用途の特殊建築物とよく似ているが紛らわしいので注意を要する。
> ◆関連規定
> 　・排煙設備の設置が免除される特殊建築物（令126条の2第1項二号）
> 　・非常照明装置の設置が免除される特殊建築物（令126条の4第1項三号）
> 　・内装制限の制限が免除される特殊建築物（令128条の4第2項、3項、令129条の4項）

(3) **中央管理室**（令20条の2第二号）

　中央管理室とは、換気設備の技術的基準として、令20条の2第二号で規定している。

> ✓ **CHECK**　中央管理室の定義と関連規定（令20条の2第二号）
> ◆中央管理室とは
> 　①高さ31mを超える建築物で、政令で定めるものは除く（法34条2項）
> 　②床面積の合計が1000m²を超える地下街に設ける機械換気設備
> 　③中央管理方式の空気調和設備の制御及び作動状態を監視する設備方式のいずれかに該当するものは、避難階又はその直上階若しくは直下階に管理者が常駐して管理業務を行う中央管理室を設けなければならない。
> ◆関連規定
> 　・排煙設備の構造（令126条の3第1項十一号）
> 　・非常用昇降機の設置及び構造（令129条の13の3第7項）

(4) 物品販売業を営む店舗（令121条1項二号）

法条文で、単に「物品販売業を営む店舗」とあっても、「床面積の合計が1500m²を超えるもの」に限り適用されると理解すればよい。

> ☑ **CHECK**　物品販売業を営む店舗の定義と関連規定（令121条1項二号）
>
> ◆物品販売業を営む店舗とは、令121条1項で、床面積の合計が1500m²を超えるものに限る。令122条2項、令124条1項、及び、令125条3項に同じと規定している。
>   注）物品販売業には、物品加工修理業も含まれる。（令23条1項の表（二））
> ◆関連規定
>   ・2以上の直通階段を設ける場合（令121条1項）
>   ・避難階段の設置（令122条2項）
>   ・物品販売業を営む店舗における避難階段等の幅（令124条1項）
>   ・避難階に設ける屋外への出入口の幅（令125条3項）
>   ・避難上の安全の検証を行う建築物の階に対する基準の適用（令129条の2）
>   ・階段及びその踊場の幅等（物品加工修理業を含む）（令23条1項の表（2））

(5) 危険物（法別表第2（と）項四号）

危険物の定義は、法別表第2（と）項四号で定義している。

> ☑ **CHECK**　危険物の定義と関連規定（法別表第2（と）項四号）
>
> ◆危険物とは、消防法2条7項で、別表1の品名欄に掲げる物品を受けて、建築基準法では、法別表第2（と）項四号で、(1) 火薬類（玩具煙火を除く）、(2) マッチ、圧縮ガス、液化ガス又は可燃性ガス、(3) 第一石油類、第二石油類、第三石油類又は第四石油類をいう。
> ◆関連規定
>   ・用途地域等・建築物の用途制限（法48条）
>   ・危険物の貯蔵又は処理に供する建築物（令130条の9第一項）

(6) 道の区域とは（法別表第4［日影による中高層の建築物の制限］）

「道の区域」とは、「道路の区域」ではない。「北海道の区域」という意味である。

> ☑ **CHECK**　道の区域の定義と関連規定（法別表第4［日影による中高層の建築物の制限］）
> ◆法別表第4・日影による中高層の建築物の制限の（に）欄に記載されている「道の区域内」とは、北海道の区域をいう。
> ◆関連規定
> 　・日影による中高層の建築物の高さの制限（法56条の2）

5 「主要構造部」と「構造耐力上主要な部分」

「主要構造部」とは、耐火構造等の防火上の規定であり、「構造耐力上主要な部分」とは、構造規定の対象となるものである。

> ☑ **CHECK**　主要構造部（法2条五号）
> 主要構造部とは、建築物の防火上主要な構造部である壁、柱、床、はり、屋根、又は階段（ただし、局部的な小階段、屋外階段を除く）をいう。
> 注）避難時に重要な役割を果たす階段は含まれるが、基礎や最下階の床のように土中にあって火災の場合に燃えない部分は含まれない。

> ☑ **CHECK**　構造耐力上主要な部分（令1条三号）
> 構造耐力上主要な部分とは、基礎、基礎ぐい、壁、柱、小屋組、土台、斜材、床版、屋根版、又は横架材で、建築物の荷重又は外力を支えるものをいう。
> 注）構造上特別の意味を持たない階段は含まれない。

6 給水、排水その他配管設備に関する技術的基準

建築設備配管に関する技術的基準は、すべて建築基準法で規定しているわけではない。電気設備は電気工作物に関する法令の規定を守って設けることを規定している。具体的には電気事業法令（電気設備に関する基準を定める省令等）の基準による。ガス、水道等も同様である。

> ☑ **CHECK** 建築設備配管類の設置及び構造（令 129 条の 2 の 5）
> ◆給水、排水その他の配管設備の設置及び構造（1 項の一号から八号）
> 　①配管の腐食、構造耐力上主要な部分の貫通、昇降機の昇降路内の配管禁止、配管の耐腐食性能や不燃性能、耐圧性能や、その他の安全性
> 　②防火区画を貫通する設備配管の規定
> ◆飲料水の配管設備の設置及び構造（2 項の一号から六号）
> 　①飲料水の配管設備とその他の配管設備は直接連結させてはいけない。
> 　②飲料水の配管設備の逆流防止対策、配管の凍結防止策の他、安全上及び衛生上支障のない措置等
> ◆排水のための配管設備の設置と構造（3 項の一号から五号）
> 　①排水トラップ、通気管等の設置等衛生上必要な措置を講ずる。
> 　②配管設備の末端は公共下水道、都市下水路等の排水施設に接続する。

7 昇降機の設置基準（法 34 条、令 129 条の 3）

　昇降機とは、エレベーター、エスカレーター、及び小荷物専用昇降機の 3 種類をいう。昇降機の設置基準は、「昇降機の構造基準」と「非常用の昇降機の設置基準」を押さえればよい。

注）バリアフリー対応の特殊エレベーターとして、段差解消機、椅子式昇降機がある。（平成 12 年・建設省告示 1413 号）

> ☑ **CHECK** 昇降機の設置基準（法 34 条、令 129 条の 3）
> ◆昇降機の構造基準（令 129 条の 4 から令 129 条の 13）
> 　建築基準法の定めの他、労働安全衛生法でも規定されているが、建築基準法の基準を満足すれば、労働安全衛生法の構造基準に合致する。
> ◆非常用の昇降機（法 34 条 2 項、令 129 条の 13 の 3）
> 　高さ 31m を超える建築物には、非常用の昇降機を設けなければならない。
> 　注）『昇降機技術基準の解説 2014 年版』（日本建築設備・昇降機センター編）参照

15 敷地

一敷地一建築物の原則

> 🔍 **POINT**
> ◆建築物は、用途上不可分の付属建物を除き、「一敷地、一建築物」が原則となっている。一定の条件に該当する場合は、「一の敷地とみなすことによる制限の緩和」の特例がある。確認申請は、「一の建築物」、及び、「用途上不可分の関係にある2以上の建築物」と判断できる敷地単位（一団の土地）にしか提出することができない。

1 建築物の敷地とは（法19条、令1条一号）

　建築物の敷地とは、「一の建築物又は用途上不可分の関係にある2以上の建築物のある一団の土地をいう」（令1条一号）と定義している。この「一団の土地」とは、敷地が道路、水路、里道、河川、水路や囲障などによって敷地が分断されずに連続している土地をいう。一つの敷地内に建築される建築物が用途上可分と判断されると、敷地は分割してそれぞれを接道させて、法の規定に適合させる必要がある。法19条で敷地の衛生及び安全について、敷地に接する道や周囲の土地より敷地の地盤面を高くしなければならないと規定している。

2 敷地の分割（法8条）

　建築物が用途上可分となる場合は、新築、既存建築物のいずれの場合であっても、敷地を分割し適法な状態を維持しなければならない。敷地を分割した場合でも、開発許可などの特別な場合を除き、建築基準法上は、分筆までの必要はなく、所有権、借地権などとも無関係である。ただし、完了検査時には、敷地境界線が杭などによって明確に区画されている必要がある。

敷地を分割する場合に、注意すべき主な法規定	
1. 接道規定（法43条）	6. 低層住宅専用地域内外壁後退（法54条）
2. 都市計画法上の開発行為の有無	7. 容積率（法52条）、建ぺい率（法53条）
3. 道路後退緩和の間口	8. 延焼のおそれのある部分（法2条六号）
4. 隣地斜線制限、北側斜線制限（法56条）	9. 敷地境界線（採光の確保、開放性）
5. 日影規制（法56条の2）	10. 敷地最低面積、地区計画など

3 用途上不可分の建築物とは（令1条一号）

用途上不可分の建築物とは、一つの敷地に2以上の建築物が計画されている場合、それぞれの建築物ごとに敷地を分割すると、それぞれの建築物の用途に本来必要とされる機能が満足されない場合をいう。所有者（管理者）が同一人であるか否かによるものではない。

表1　用途上可分、不可分の建築物

建築物の用途	可分となる建築物	不可分な建築物
住宅	別棟で建築した二世帯住宅 ※台所、便所、風呂等を設け独立した機能をもたせると独立した住宅となり、可分となる	車庫、物置、納屋、茶室、離れ ※離れに台所等水廻り等を設けた場合は可分となる。
共同住宅	2棟以上の場合 ※1棟ごとに独立した機能を持っているため可分	車庫、物置、自転車置場、電気室、管理棟、集会室
旅館・ホテル	従業員寮 ※機能上直接的な関連性がないため、可分となる	車庫、倉庫、離れの客室、東屋、浴室棟
工場（作業所）	従業員寮 ※機能上直接的な関連性がないため、可分となる	事務所棟、食堂棟、更衣室、浴室棟、設備棟、車庫、倉庫
病院	看護師寮 ※機能上直接的な関連性がないため、可分となる	病棟、診療棟、研究棟、車庫、倉庫
学校		校舎、体育館、図書館、実習棟、給食室、車庫、倉庫
再開発事業	1区画内にマンション棟、店舗棟、事務所棟を計画 ※それぞれの棟は、機能上は直接的な関係性がないため、可分となる	

Q. 民法の「境界線から50cm以上離さなければならない」旨の規定は建築基準法でも適用される？

A. 民法234条1項で、建築物を築造する場合には、敷地境界から50cm以上離さなければならないと定めている。これは、建築物が相近接することにともなって発生する日照、通風等の阻害による衛生上の悪影響を防止することを狙いとするものである。一方、建築基準法65条では「防火地域、又は、準防火地域の指定がされた商業地域内の耐火構造の建築物については、その外壁は隣地境界線に接して設けることができる」としている。最高裁判例では、建築基準法65条の規定は民法234条1項の特則と解する旨を明らかにしており、この場合に限り、民法でいう「50cm以上離さなければならない」規定は適用されない。
また、建築基準法47条、同法54条で第1種低層住居専用地域または第2種低層住居専用地域内における外壁の後退距離について都市計画決定により規制等を定めているが、これ以外には建築物の敷地境界線からの距離に関する制限規定はない。

Q. どのような場合、「一の建築物」と扱われるのか？

 A. 建築基準法では、敷地について定義しているが、「一の建築物」についての定義はなされていない。外観上、構造上、機能上の各要件を総合的に判断し、一体性が認められる場合は「一の建築物」としてみなされる。

> ☑ **CHECK**　「一の建築物」と扱うための判断要素（令1条一号）
>
> ◆外観上の判断
> 　建築物をどの方向から見ても物理的に一体をなし、外観上分離されていないこと。
>
> ◆構造上の判断
> 　構造躯体が構造耐力上、複数に分かれていても、床や壁を共有して十分に接続されていること。（エキスパンションジョイントなどで接続されている場合を含む）
>
> ◆機能上の判断
> 　相互の建築物の部分を使用しなければ、建築物に必要な防火上、避難上、管理運営上などの機能が満足しないもの。
>
> 以上の各要件を総合的に判断して「一の建物」としてみなす。

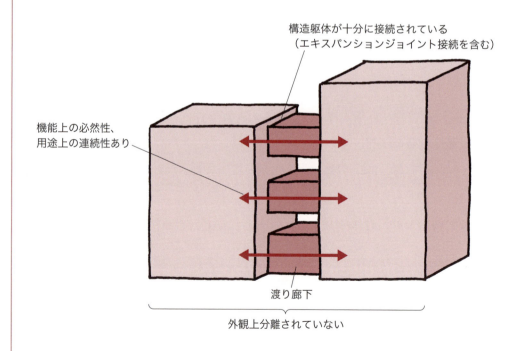

水路により分断されている敷地の扱いは？

 水路により分断されている敷地でも、継続的に使用できる橋を架けて、当該水路管理者から占用許可等を得て、一団の敷地として使用上支障がないと判断できる場合は、一団の土地として取り扱える場合がある。このような計画の場合は、計画地の特定行政庁への確認が必要である。

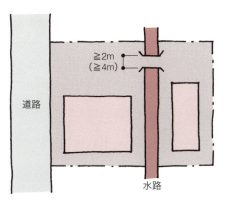
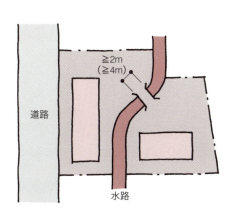

 里道により分断されている敷地の扱いは？

敷地が里道により分断されている場合は、原則として、奥の敷地は一団の敷地と取り扱うことはできない。

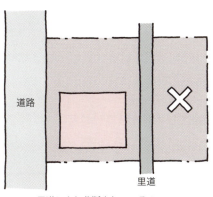
里道により分断されているので
一団の敷地と取り扱うことはできない

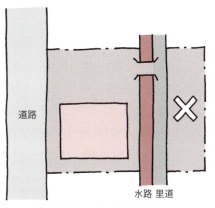
水路管理者から占用許可等を得ても
里道により分断されているので
一団の敷地と取り扱うことはできない

16 敷地と道路

建築物の敷地の接道条件と特例

> **POINT**
> ◆建築物の敷地は、道路に 2m 以上接しなければならない。これは戸建住宅等の小規模建築物の敷地に対する最低限の接道であって、建物の用途や規模が大きいなどの特殊性に応じて、地方公共団体の条例により、道路幅員や敷地の接道の長さ等について制限が強化されることも多い。

1 建築物の敷地の接道条件（法43条2項）

都市計画区域内及び準都市計画区域内の建築物の敷地は、<u>幅員 4m 以上の道路</u>に <u>2m 以上</u>接していなければならない。ただし、地方公共団体は、避難又は通行の安全の目的を充分に達し難いと認める場合は、条例により必要な制限を付加することができる。

> **✓ CHECK**　条例により制限を付加することができる建築物（法43条2項）
> 1. 特殊建築物（法2条2号）
> 2. 階数が3以上である建築物、
> 3. 同一敷地内にある建築物の延べ面積の合計が 1000m² を超えるもの
> 4. 無窓建築物（令144条の6、令116条の2）
>   採光上及び排煙上の窓その他の開口部を要しない居室を有する建築物

2 接道上有効とされない道路（法43条1項）

> **✓ CHECK**　接道上有効とされない道路（法43条1項）
> 1. 自動車専用道路
> 2. 地区計画、再開発地区計画の区域内の特定高架道路等（令144条の5）

3 「ただし書き」による接道の特例許可（法43条1項ただし書、規則10条の2の2）

国土交通省令で定める基準に適合する建築物で、特定行政庁が交通上、安全上、防火上、衛生上支障がないと認めて建築審査会の同意を得て許可した建築物については接道の規定は適用されない。

> ✅ **CHECK** 「ただし書き」による接道の特例許可の基準
> 1. 敷地の周囲に公園、緑地、広場等広い空地を有すること
> 2. 敷地が農道その他これらに類する公共の用に供する幅員4m以上の道に2m以上接すること（農道は建築基準法上の道路ではないが、道路と同じに扱う）
> 3. 建築物の用途、規模及び構造に応じ、避難及び通行の安全上、十分な幅員を有する通路で道路に通ずるもの（例・神社の参道等の通路に面し避難通行上安全であるもの）

条件を満たせば参道沿いの敷地にも建築物を建築することができる

4　法42条の「2項道路」は既存不適格（法42条、法44条）

　法42条の「2項道路」とは、都市計画区域等の規定が適用された前から建築物が立ち並んでいて、**幅員4m**に満たない、特定行政庁が指定した「狭あい道路」をいう。2項道路に指定されている道路に面した敷地は建築基準法上は**既存不適格**となり、新築、増築等を行う際に道路中心から2m後退する必要がある。道路後退2mの範囲内にある塀や擁壁については撤去しなければならない。市町村町が後退用地や角地の隅切りを整備する拡幅整備事業は、2項道路の指定を受けている場合は、建築基準法上の道路内の建築制限による撤去の規制を受ける。

図1　道路内の建築制限

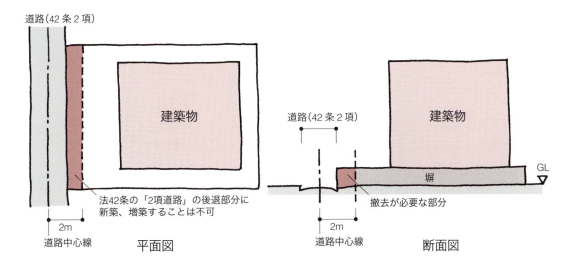

路地状敷地の場合の接道長さの扱いは？

 1）図Aのような2方向に接続する路地状敷地の場合は、$a+b$ が 2m 以上であっても、a、b のどちらも 2m 未満の場合は、接道長さを満たしていない。

2）図Bのような路地状部分の奥が細くなるような敷地の場合は、敷地内から道路に有効に接続する必要があるので、道路境界線部分で 2m 以上あっても、a が 2m 未満の場合は接道義務を満たしておらず、接道義務を満たすためには、a も 2m 以上必要である。

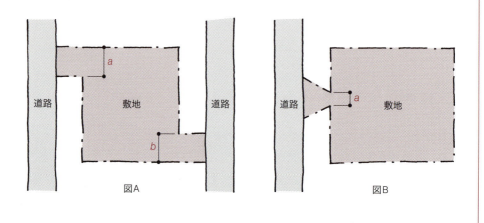

 不整形に道路に接している敷地の接道長さは？

法43条1項に規定する接道義務については、敷地内から道路に有効に接続する必要があるので、$a+b$ の長さではなく、c の長さを接道長さとする。

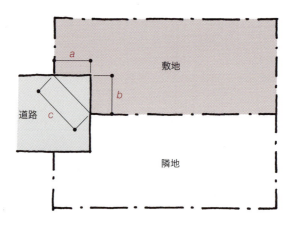

Q. 行き止りになっている「2項道路」の終端に接している場合の接道長さは？

A. 法42条の「2項道路」は、将来幅員4mの道路が形成されることが期待されており、原則、現況道路幅員の中心線から2m後退した線を道路境界線とみなしているため、終端に接する敷地の接道長さは、道路の中心線から2m後退した線を道路境界線とみなして判断する。

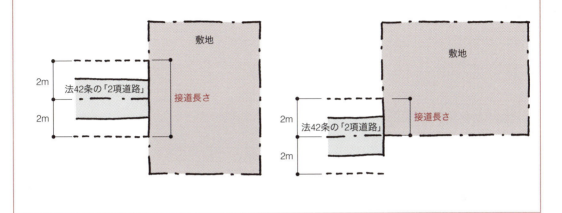

Q. 道路と敷地に高低差がある場合、又、構造物がある場合の接道条件は？

A.
1) 図Aのような道路と敷地に高低差があり、敷地から道路に通じる通行可能な階段、傾斜路等の通路が設けられている場合は接道条件を満たしている。
2) 図Bのような道路境界線に沿ってフェンス、又は、塀の構造物が設置されている場合は、敷地が道路に2m以上接し、かつ、道路へ通行可能であれば、接道条件を満たしている。

※通行可能な部分について、どちらの場合も建築基準法令の規定により、敷地内通路の規定が適用される場合は、その規定の有効通路幅となる。

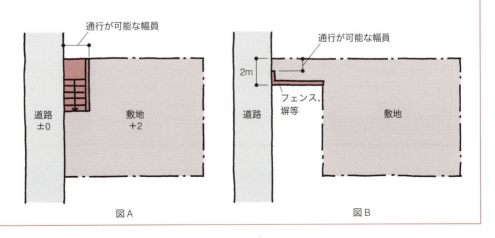

図A　　　　　　　　　　　　図B

17 地盤面

地盤面の高さの算定方法

> **POINT**
> ◆「地盤面」とは、建築物の高さの算定の基点をいい「建築物が周囲の地面と接する位置の平均の高さの水平面」をいう。「地盤面」を「平均地盤面」と呼ぶケースが見受けられるが、建築基準法の用語としては日影規制に関する条項のみに用いられる用語である。

1 地盤面の高さの算定 （法92条、令2条2項）

「地盤面」とは、建築物が周囲の地面と接する位置の平均の高さの水平面をいう。ただし、その接する位置の高低差が3mを超える場合は、その高低差3m以内ごとの平均の高さの水平面を指す。

①高低差が3mを超える場合

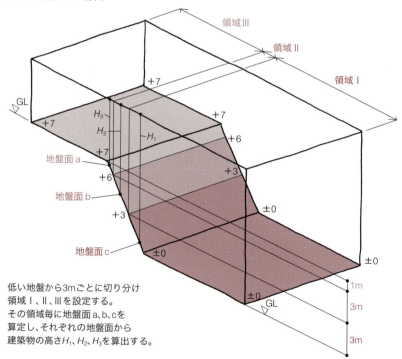

低い地盤から3mごとに切り分け領域Ⅰ、Ⅱ、Ⅲを設定する。その領域毎に地盤面a、b、cを算定し、それぞれの地盤面から建築物の高さH_1、H_2、H_3を算出する。

②高低差が 3m 以内の場合

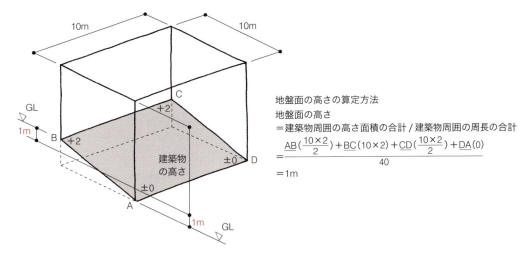

地盤面の高さの算定方法
地盤面の高さ
＝建築物周囲の高さ面積の合計 / 建築物周囲の周長の合計
$$= \frac{\underline{AB}(\frac{10 \times 2}{2}) + \underline{BC}(10 \times 2) + \underline{CD}(\frac{10 \times 2}{2}) + \underline{DA}(0)}{40}$$
$= 1m$

2 地盤面の定義が適用される 4 つの規定（法 52 条 4 項）

「地盤面」の定義が適用される規定には 4 つある。

> ☑ **CHECK** 地盤面の定義が適用される規定
> 1. 建築物の高さ（令 2 条 1 項六号）
>   地盤面からの高さによる
> 2. 地階の建築面積不算入（令 2 条 1 項二号）
>   地階で地盤面上 1m 以下にある建築物の部分
> 3. 住宅の地階容積率緩和（法 52 条 3 項から 5 項）
>   建築物の地階でその天井が地盤面から 1m 以下にあるもので、床面積の合計の 1/3 までの容積率の緩和
> 4. 軒高
>   地盤面から小屋組、または、横架材を支持する壁、敷げた、または、柱の上端までの高さによる

3 平均地盤面（法 56 条の 2、令 135 条の 12）

「平均地盤面」とは、日影規制に関する条項のみで用いられる用語である。日影規制では、複数の棟があっても 1 敷地に対して 1 地盤面を算定する。1 敷地に 1 棟しかない場合は「地盤面」と「平均地盤面」は同一面であるが、1 敷地に複数棟ある場合は「地盤面」と「平均地盤面」は異なる。1 棟の地盤面の高低差が 3m を超えて、複数地盤面が存在する場合、いずれかの地盤面から高さが 10m を超えれば日影規制対象建築物となり、「平均地盤面」を算定して日影図を作成する。

4 計測位置について

1. 上階が下階より張り出している部分がある場合

ピロティーのように上階が下階より張り出している部分については、上階の建築物の部分を地表面に投影し、投影された外壁等の中心線を結んだ位置を建築物が周囲の地盤面と接する位置とみなす。

2. 屋外階段、バルコニー、開放廊下がある場合

屋外階段、バルコニー、開放廊下の部分にあっては、これらを地表面に水平投影し、水平投影された手摺り壁等の中心線を結んだ位置を建築物が周囲の地盤面と接する位置とみなす。

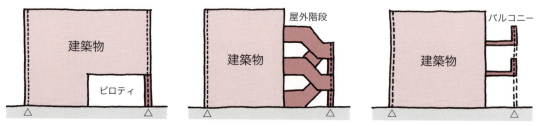

※建築物の周長を算定する際、外壁等の外側の面で算定した場合は、上記中、「中心線」とあるのは「外側の面」とする。

△建築物が周囲の地盤と接する位置

Q. ドライエリアの地盤面の算定方法は？

A. 大規模なドライエリア状の擁壁を設けた場合は、建築物が実際に接する地盤が「地盤面」となり、建築物を掘り込んでドライエリアとする場合は、ドライエリアの壁の上部の地盤が「地盤面」となる（ただし、ドライエリアのサイズによってはドライエリアの底面を「地盤面」と取り扱う特定行政庁もある）。

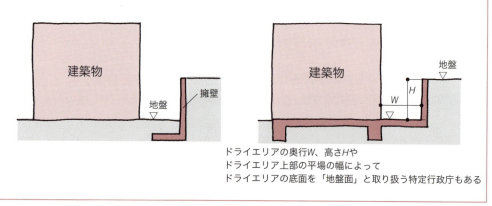

ドライエリアの奥行W、高さHや
ドライエリア上部の平場の幅によって
ドライエリアの底面を「地盤面」と取り扱う特定行政庁もある

Q. 切土、盛土がある場合の地盤面の算定方法は？

A. 原則、切土の場合は新しい地盤面で算定し、盛土の場合は元の地盤面で算定する。例外的に敷地の衛生上、安全上必要な範囲で 2m 以上の広がりがある盛土の場合は地盤面として認められる場合がある。

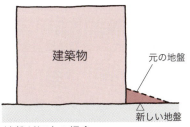

地盤が切土の場合
→ 新しい地盤で算定する
※ 特定行政庁によっては基準を持っているので確認する

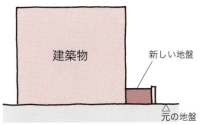

地盤が盛土の場合
→ 原則、元の地盤で算定する
※ 特定行政庁によっては基準を持っているので確認する

Q. 高低差が 3m を超える特殊な場合の算定方法は？①

A. ひな壇状に造成された敷地は、高低差 3m 以内ごとに領域を設定し、高低差のある敷地内の建築物を渡り廊下で接続する場合は、高低差 3m 以内ごとに領域を設定する。

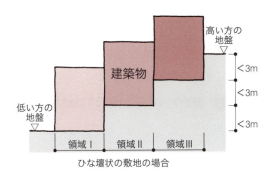

ひな壇状の敷地の場合

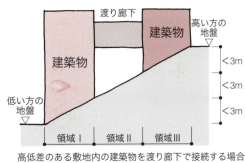

高低差のある敷地内の建築物を渡り廊下で接続する場合

Q. 高低差が 3m を超える特殊な場合の算定方法は？②

A. 右図のように EF 間は等高線に沿う曲線ではなく、原則、EF をつないだ直線とする。

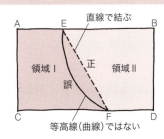

18 建築物の階

階の数え方と地階・避難階

POINT

◆建築物の規模を示す指標となる「階」は、防火上の安全性や避難施設及び構造強度の規定とも関わりが強い。防火地域、準防火地域内の建築物は、階数によって構造規定、防火避難規定が異なるため階数の算定は厳密に行う必要がある。建築物の階の数え方及び地階並びに避難階の定義を明らかにする。

1 階数の算定方法（法92条、令2条1項八号）

階の算定方法は、原則、各階の床の数をもって算定する。建築物の一部が吹抜きとなっている場合、建築物の敷地が斜面又は段地である場合、建築物の部分によって階数を異にする場合は、これらの階数の最大のものを階とする。階数というのは、その建物にとって一つだけ存在し、地階も階数に算入される。建築基準法上、中2階という考え方はなく、設けた場合は階数に算入される。

2 建築物の階の数え方

建築基準法では、階の呼称については定めていない。

図1 階数が2の事例

3F
2F
1F
B1F
2
1
2
1
2

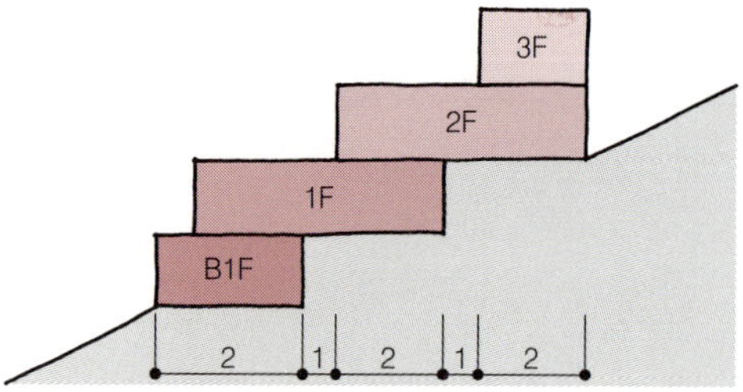

このような建築物の階数は区分ごとの最大である「2」が階数となる。
注）階の呼称は自由に決めて良い。

図2 部分により階が異なる場合

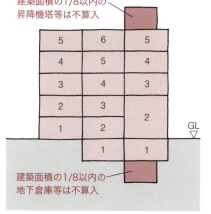

建築面積の1/8以内の
昇降機塔等は不算入
5
6
5
4
5
4
3
4
3
2
3
2
1
2
GL
1
1
建築面積の1/8以内の
地下倉庫等は不算入

このような建築物の階数は最大の「6」となる

> ☑ **CHECK** 建築物の階数に参入されない部分
> 1. 昇降機、装飾塔、物見塔その他これらに類する建築物の屋上部分
> 2. 地階の倉庫、機械室その他これらに類する建築物の部分で、水平面積の合計が、それぞれ当該建築物の建築面積の 1/8 以下のものは階数に参入しない。
> 注）建築物の屋上に倉庫を設けた場合は、その水平面積が建築面積の 1/8 以下であっても階数に算入される。倉庫で階数から除かれるのは地階のみである。

3 地階とは（令1条二号）

地階とは、床が地盤面下にある階で、床面から地盤面までの高さがその階の天井の高さの 1/3 以上のものをいう。

図3 地階の定義

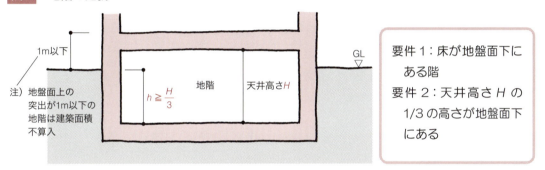

4 避難階とは（令13条一号）

避難階とは、直接地上へ通ずる出入口のある階をいう。地形の形状により避難階は一つとは限らない。避難階が複数存在する場合は、その直上階又は直下階も複数存在する。

図4 避難階とは

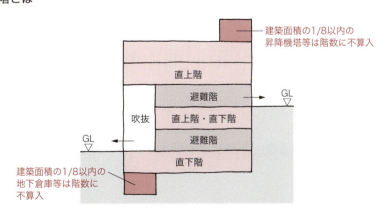

19 床面積

床面積の算定方法と不算入部分

> **POINT**
> ◆床面積とは、建築物の各階またはその一部で壁その他の区画の中心線で囲まれた部分の水平投影面積である。床面積は建築物の規模を表す延べ面積を算定する時の基本となるもので、区画の中心線がどこなのか、屋内部分とはどこまで入るのかなど、判断に迷うことが多い。

1 床面積の算定方法（法92条、令2条1項三号）（通達・昭61.4.30建設省住指発115号）

建築物の床面積は、各階又はその一部で壁その他の区画（扉、シャッター、手すり、柱等）の中心線で囲まれた部分の水平投影面積による。床面積は、屋根がない部分は基本的に算入されない。ピロティ、ポーチ、バルコニー、屋外階段や外部開放廊下などで、外気に十分開放された屋内的用途のない外部的な空間（「屋外部分とみなされる部分」）についても、一定の範囲で不算入となる。屋内的用途とは居住、執務、作業、集会、娯楽、物品の保管又は格納等の用途をいう。ピロティ部分を自動車車庫、自転車置場、倉庫等として利用する場合には、その部分は、屋内的用途に供するものとして、床面積に算入する。その場合、ピロティ全体を床面積に算入するのではなく、屋内的用途に供する部分のみを床面積に算入する。外部的な空間であっても屋外観覧席は床面積に算入される。「屋外部分とみなされる部分」とは、該当部分が外気に十分開放され、壁のような風雨を防ぐ構造の区画がなく、かつ、屋内的用途に供しない部分をいう。

> **CHECK** 屋外部分とみなされる部分
> 1. ポーチ、公共用歩廊、ピロティ等で、その部分の接する道路、又は空地と一体の空間を形成し、かつ、常時人又は車の通行が可能なもの。
> 2. 共同住宅のバルコニーや外部開放型の吹きさらしの廊下等。

2 床面積に算入されない共同住宅の吹きさらしの廊下等（通達・昭61.4.30建設省住指発115号）

①外気に有効に開放されている部分の高さが1.1m以上であり、かつ、天井の高さの1/2以上である吹きさらしの廊下、ベランダ、バルコニーについては、手すり壁等から幅員2mまでの部分は床面積に算入しない。

②床面積に算入しない屋外階段に接する廊下部分は、吹きさらしの廊下とみなし、屋外階段部分から 2m までの部分を床面積に算入しない。

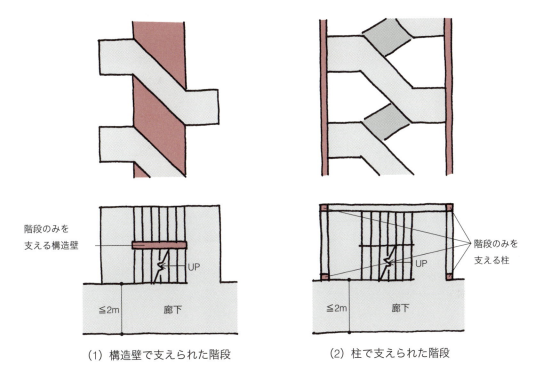

(1) 構造壁で支えられた階段 （2) 柱で支えられた階段

Q. 小屋裏収納は床面積に算入するか？

A. 天井高さが 1.4m 以下で、かつ、その水平投影面積が下階の床面積の 1/2 未満の小屋裏収納部分は、面積に算入しない。

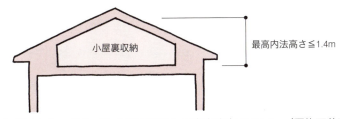

床面積に算入しない条件
① 小屋裏収納の最高内法高さ≦1.4m（平均天井高さではない）
② 水平投影面積が下階床面積の1/2未満
※ 小屋裏収納を設置できる用途や小屋裏収納内の開口部を制限している特定行政庁もあるので、設ける場合は注意が必要である。

Q. 屋外階段は床面積に算入するか？

A. 外気に有効に開放された屋外階段は、床面積に算入されない（①、②、③の全てを満たす必要がある）。

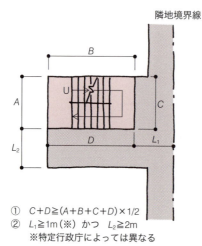
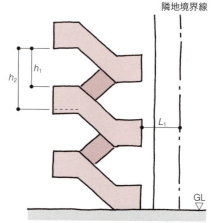

① $C+D \geq (A+B+C+D) \times 1/2$
② $L_1 \geq 1m$（※） かつ $L_2 \geq 2m$
　※特定行政庁によっては異なる

③ $h_1 \geq 1.1m$　かつ　$h_1 \geq h_2/2$

Q. バルコニーは床面積に算入するか？

A. 外気に有効に開放されたバルコニーは、バルコニー先端から2m以内の部分は床面積に算入されない（①、②の全てを満たす必要がある）。

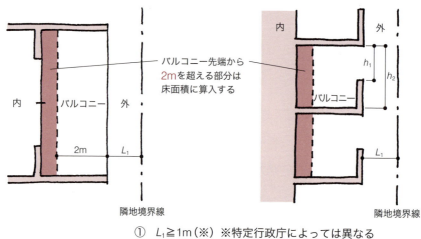

バルコニー先端から**2m**を超える部分は床面積に算入する

① $L_1 \geq 1m$（※）　※特定行政庁によっては異なる
② $h_1 \geq 1.1m$　かつ　$h_1 \geq h_2/2$

受水槽設備は床面積に算入するか?

 受水槽設備は、設置方法によって、床面積に算入される場合がある。

1. 外構に設置する場合

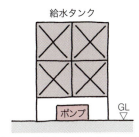
ポンプを給水タンクから独立して設置する場合は床面積に不算入

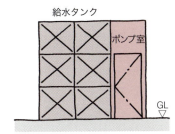
ポンプ室等を給水タンクと一体に併設する場合は床面積に算入

2. 地下ピットに設置する場合

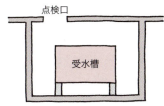
受水槽のみの地下ピットは床面積に不算入

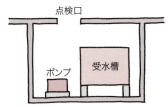
ポンプ等がある場合は床面積に算入

 バルコニーや開放廊下の下部に建築設備がある場合は床面積に算入するか?

濃い網掛け部分は、床面積に算入される。駐輪場や駐車場がある場合も同様である。

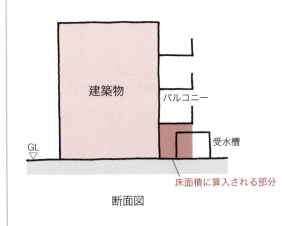
断面図

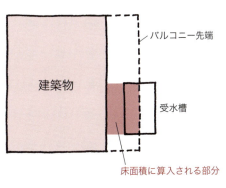
平面図

20 容積率

敷地の容積率の限度と特例

> **POINT**
> ◆容積率は、建築物の延べ面積に対する敷地面積の割合。容積率は、用途地域ごとに指定されるだけでなく、前面道路の幅員によっても制限が設けられている。なお、容積率は道路斜線にかかる適用距離の算出や、日影規制区域内か否かを判断する際にも適用される。

1 敷地の容積率の限度（法52条1項、7項）

　容積率は、用途地域ごとの<u>指定容積率</u>以内で、かつ、<u>前面道路の幅員</u>により算定する。同一敷地内に2以上の建築物がある場合の延べ面積は、それぞれの延べ面積の合計とする。容積率の制限が異なる地域・地区の内外にわたる敷地の容積率は、それぞれの敷地の部分ごとにその面積比率に応じて<u>案分比例</u>して求めた数値とする。

表1　用途地域ごとの指定容積率

用途地域		指定容積率（％）
住居系地域	1種・2種低層住居専用地域	50、60、80、100、150、200
	1種・2種中高層住居専用地域	100、150、200、300、400、500
	1種・2種住居地域	
	準住居地域	
商業系・工業系地域	近隣商業地域	
	準工業地域	
	商業地域	200、300、400、500、600、700、800、900、1000、1100、1200、1300
	工業地域	100、150、200、300、400
	工業専用地域	
	用途地域の指定のない区域（注）	50、80、100、200、300、400

注）特定行政庁が都道府県都市計画審議会の議を経て指定する。

2 前面道路幅員による容積率の限度（法52条2項）

前面道路幅員が12m未満の場合、容積率は用途地域の種別により下記の算定式により算定する。

道路幅員による容積率の限度＝最大幅員が12m未満である前面道路の幅員 ×A

表2　前面道路幅員による容積率の限度

1種・2種低層住居専用地域	A＝4/10
1種・2種中高層住居専用地域	A＝4/10（特定行政庁指定区域内では6/10）
1種・2種住居地域・準住居地域	
その他の区域	A＝6/10（（特定行政庁指定区域内では4/10又は8/10）

✓ CHECK　容積率算定上の延べ面積の特例

1. **自動車車庫の不算入（駐輪場も緩和対象）（令2条1項4号、令2条3項）**
   自動車車庫部分は、延べ面積の1/5を限度として算入しない。

2. **住宅等の地階部分の不算入（法52条3項）**
   地階部で住宅の用途として使用する部分は、延べ面積の1/3を限度として算入しない。
   注）共同住宅や老人ホームで住居の用途に供する部分についても、適用される。

3. **共同住宅の共用部分の不算入（法52条6項）**
   共同住宅の風除室、エントランスホール、エレベーターホール、共用廊下、階段部分は、延べ面積に算入しない。

4. **エレベーターの昇降路の不算入（法2条6項）**

5. **特定道路から70m以内の緩和措置（法52条9項）**

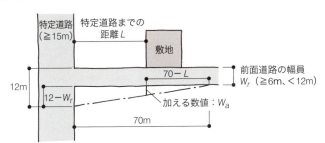

① 加える数値：$W_a = (12 - W_r) \times \dfrac{70 - L}{70}$

② 容積率：$(W_r + W_a) \times \dfrac{6}{10}$（または $\dfrac{4}{10}$）

前面道路の幅員が6m以上12m未満で、幅員15m以上の特定道路に70m以内で接続する場合は、前面道路幅員を割り増すことができる。

6. **防災関係施設の不算入（令2条1項四号・令2条3項）**
   防災設備等の部分は、一定規模の面積を上限として延べ面積に不算入。

緩和対象	緩和する割合
備蓄倉庫、蓄電池の設置部分	建築物全体の1/50まで
自家発電設備、貯水槽の設置部分	建築物全体の1/100まで

3 容積率の限度の特例

特定行政庁が建築審査会の同意を得て許可した容積率の限度の特例。

①壁面線の指定がある場合の特例（法52条11項）
　前面道路の境界又はその反対側の境界線は、壁面線の位置にあるものとみなして、容積率を適用できる。壁面線と道路境界線との間の部分は敷地面積に不算入。

②敷地内に計画道路がある場合の特例（法52条10項）
　その計画道路を前面道路とみなす。その部分の面積は敷地部分に不算入。

③特定行政庁の許可による特例（法52条14項）
・同一敷地内の建築物の機械室その他これらに類する部分の床面積の合計の建築物の延べ面積に対する割合が著しく大きい場合におけるその敷地内の建築物
・その敷地の周囲に広い公園、広場、道路その他の空地を有する建築物

④高層住居誘導地区内の特例（法52条1項五号）

⑤大規模な敷地における住宅の特例（法52条8項、令135条の14）

Q. 共同住宅の用途に供する部分とその他用途に供する部分が複合している建築物の共同住宅の共用廊下等の部分の算定方法は？

A. 網掛け部分の共同住宅と非住宅の両方に供されている部分は、共同住宅部分と非住宅部分との案分した面積を算出し、不算入面積を求める。

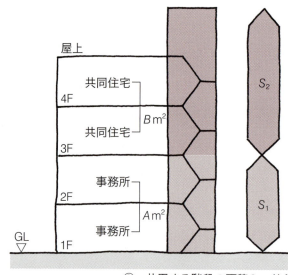

3階、4階、屋上にある共同住宅用の階段は全て容積率不算入となる

1階、2階にある階段は共同住宅と非住宅（事務所）との共用階段であるこの部分は下記のように不算入の面積を求める

① 共用する階段の面積S_1×比例配分する割合(C)＝不算入面積
② $C = \dfrac{B}{A+B}$

道路幅員が異なる場合の容積率の限度を算定する際の前面道路幅員は？

次のような敷地の場合には、容積率の限度を算定する際の前面道路の幅員はAを使用する（いずれも前面道路幅員はA＞B）。

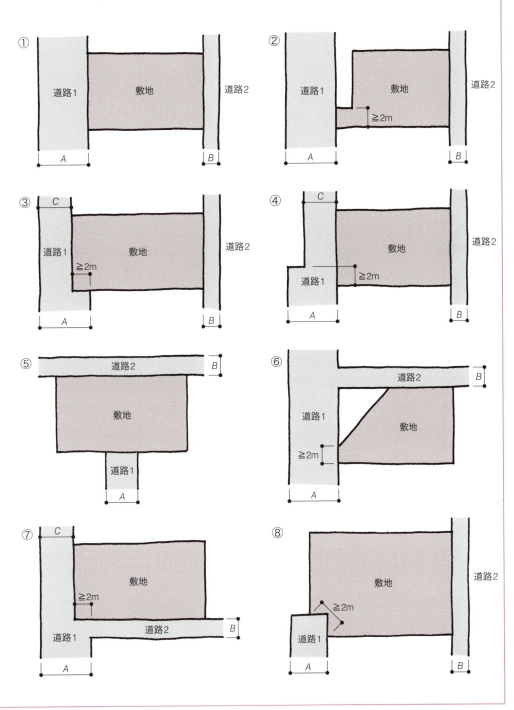

21 天空率

天空率による斜線制限の緩和措置

> **POINT**
> ◆天空率とは「斜線制限の規定」による採光、通風と同程度の採光、通風が確保されることが「天空率による天空図」で確かめられた場合は、斜線制限の規定は適用除外となる性能規定である。ここでは「天空率による斜線制限の緩和」について解説する。

1 天空率による斜線制限の緩和（法56条7項）

　「道路斜線」、「隣地斜線」、及び、「北側斜線」が適用された「適合建築物」と「計画建築物」の「天空率による天空図」を比較し、採光、通風などが同程度以上確保されると確かめられた場合は、斜線制限の規定による高さの制限は適用されない。天空率は法56条の「道路斜線」、「隣地斜線」、「北側斜線」の規定についての読み替え規定であるため、条例による都市計画制限である「高度地区」、「絶対高さ」、「日影規制」については、天空率の考え方は適用できない。

> **CHECK** 計画建築物の高さについて
> ◆「道路斜線」や「隣地斜線」の制限では、屋上部分の一定条件の塔屋や屋上看板の広告塔などの工作物に該当する部分は、「計画建築物」の高さには含まれないが、避雷針の基礎や受水槽のような建築設備に該当する部分は、「計画建築物」の高さに含まれる。又、建築物に付属する門や塀なども天空率の算定の対象となるので注意を要する。

2 道路斜線における天空率の算定方法（令135条の6、令135条の9）

（天空図の作成基準）

　道路斜線に適合する「適合建築物」の天空図は、道路斜線の適用範囲内（法別表3(は)の距離）のみでよい。「計画建築物」が前面道路から外壁後退する場合においては、「適合建築物」も同じ距離だけ外壁後退させた天空図としてよい。道路斜線の適用（勾配等）が異なる場合は、異なる部分ごとに区分して作成する。

（天空図の算定位置）

　算定位置は、前面道路の反対側の境界線上で、その両端及び道路幅員の1/2以内ごとに均等に区分した位置（基準点）ごとに天空図を作成して、それぞれの天空率を比較して判定する。

図1 道路斜線における適合建築物と算定位置

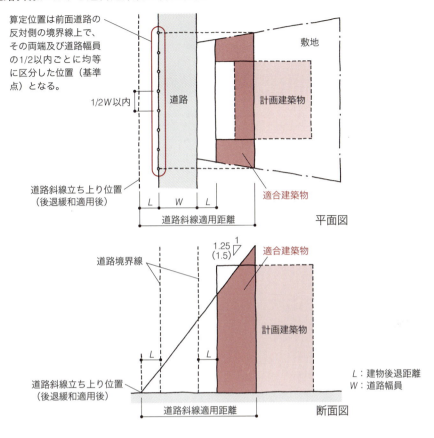

3 隣地斜線における天空率の算定方法（令135条の7、令135条の10）

（天空図の作成基準）

　隣地斜線に適合する「適合建築物」の天空図及び「計画建築物」の同じ敷地面における天空図は、高さ20mを超える部分（隣地斜線勾配が1/1.25である場合）又は、高さが31mを超える部分（隣地斜線勾配が1/1.5である場合）が存在し、隣地斜線を超えるものに限り作成する。それらの部分が隣地から外壁後退している場合には、「適合建築物」も同様に外壁後退させて天空図を作成してもよい。隣地斜線勾配の異なる区域では、区域ごとに求める。敷地の高低差が3m以上あって高さ算定上の区分を行うときは、やはりその区分ごとに求める。

（天空図の作成位置）

　隣地斜線制限の勾配が1/1.25である場合は、隣地境界から16m外側の線（算定位置）、勾配が1/2.5である場合は、同じく12.4mだけ外側の線上で、その両端及びそれぞれ8m又は6.2m以内ごとに均等に区分した位置（基準点）ごとに天空図を作成して、それぞれの天空率を比較して判定する。

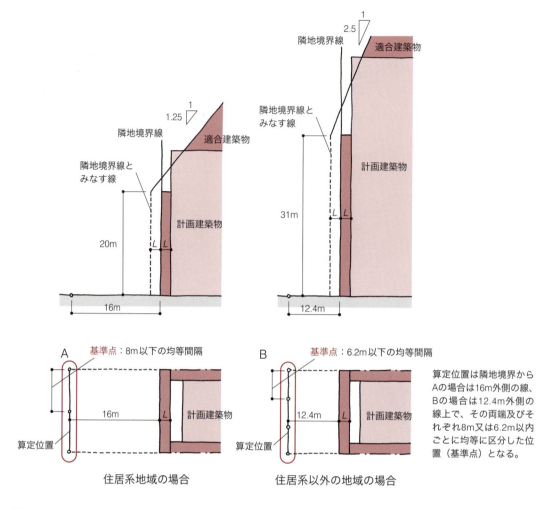

図2 隣地斜線における適合建築物と算定位置

4 北側斜線における天空率の算定方法（令135条の8、令135条の11）

（天空図の作成）

　北側斜線に適合する「適合建築物」の天空図及び「計画建築物」の同じ敷地面における天空図は、北側斜線が適用される範囲内で作成する。その制限が異なる区域にわたる場合には、それぞれの区域ごとに求める。

（天空図の算定位置）

　低層住居専用地域にあっては北側斜線の基点から4mだけ外側の線（算定位置）、中高層住居専用地域にあっては、同じく8mだけ外側の線上で、その両端及びそれぞれ1m又は2m以内ごとに均等に区分した位置（基準点）ごとに天空図を作成して、それぞれの天空率を比較して判定する。

図3　北側斜線における適合建築物と算定位置

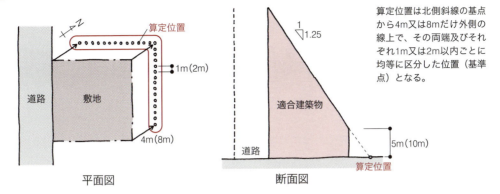

算定位置は北側斜線の基点から4m又は8mだけ外側の線上で、その両端及びそれぞれ1m又は2m以内ごとに均等に区分した位置（基準点）となる。

平面図　　断面図

Q. 敷地が道路斜線勾配の異なる用途地域にわたる場合の天空率は？

A. 敷地が道路斜線勾配の異なる用途地域にわたる場合は、勾配の異なる用途地域ごとに個別に天空率を算出し、検討する。

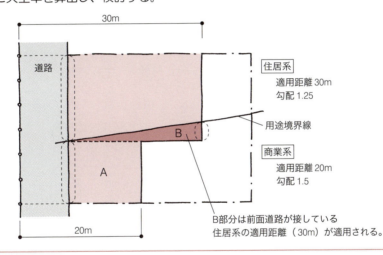

住居系
適用距離30m
勾配1.25

商業系
適用距離20m
勾配1.5

B部分は前面道路が接している住居系の適用距離（30m）が適用される。

Q. 前面道路が屈曲している場合の「一の道路」の取扱いは？

A.
1. 屈曲した道路で、敷地側からみた屈曲角度が120°を超えるものは、敷地を区分せずに「一の道路」として検討する。（1）
2. 屈曲した道路で、敷地側からみた屈曲角度が120°以下のものは、「二の道路」として取り扱い、区域ごとに敷地を区分する。（2）

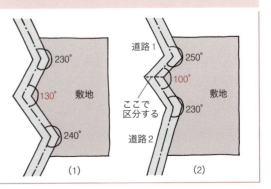

22 日影規制

日影による中高層建築物の高さ制限

> **POINT**
> ◆日影規制とは、中高層建築物の高さを制限することにより、日影による住環境の悪化を防ぐための規制である。地方公共団体は条例で、その地方の気候及び風土、土地の利用状況を勘案して規定が適用される対象区域と日影時間を指定している。

1 日影規制の対象となる建築物（法別表第4（ろ）欄）

　規制対象区域内のすべての建築物が、日影規制の対象となるわけではない。1種低層住居専用地域、又は、2種低層住居専用地域においては、軒の高さが7mを超える建築物、又は、地階を除く階数が3以上の建築物、その他の地域では高さが10mを超える建築物である。用途地域の指定のない区域では、地方公共団体の条例で規制対象建築物を定めることができる。

2 日影図の作成（法56条の2第1項）

　冬至日の真太陽時による午前8時より午後4時まで、北海道では午前9時から午後3時までの日影図を作成して、日影規制の適否を確認する。日影図を描く水平面の高さは条例で指定され、敷地の平均地盤面からの高さが4m、又は、6.5mの位置にある水平面に、敷地境界からの水平距離が5mを超える範囲において、地方公共団体がその地方の気候及び風土、土地利用の状況を勘案して条例で指定する時間以上の日影となる部分を生じさせることのないものとしなければならない。低層住居専用地域内では平均地盤面からの高さが1.5mの水平面とする。

3 ただし書き許可について（例外許可について）（法56条の2第1項ただし書）

　日影規制は、昭和51年改正建築基準法により施行された制度で、施行当時、既に適合しない建築物は既存不適格建築物の扱いをうける。そのような既存不適格建築物に増築や大規模の模様替えや修繕をする場合、特定行政庁が「土地の状況等により、周囲の住環境を害するおそれがない」と認めて、建築審査会の同意を得て許可した場合は、日影規制の適用を受けない。

図1 ただし書き許可の例

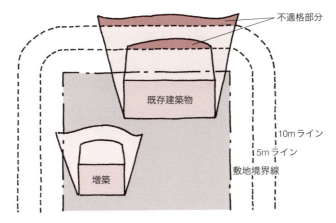

4 日影規制の対象区域の指定（法別表第4）

地方公共団体は、条例で対象区域を指定する。ただし、**商業地域、工業地域又は工業専用地域**内においては指定することはできない。

5 条例による日影時間の指定（法別表第4(に)欄）

地方公共団体は、条例でその地方の気候及び風土、土地の利用状況等を勘案して規制すべき日影時間を指定する。その日影時間は法別表第4(に)欄の中から選択し、指定される。

表1 日影による中高層建築物の高さ制限

地域又は区域	制限を受ける建築物	平均地盤面からの高さ		敷地境界線からの水平距離が10m以内の日影時間	敷地境界線からの水平距離が10mをこえる範囲の日影時間
1種及び2種低層住居専用地域	軒の高さが7mを超える建築物又は地階を除く階数が3以上の建築物	1.5m	(1)	3時間（2時間）	2時間（1.5時間）
			(2)	4時間（3時間）	2.5時間（2時間）
			(3)	5時間（4時間）	3時間（2.5時間）
1種及び2種中高層住居専用地域	高さが10mを超える建築物	4m又は6.5m	(1)	4時間（3時間）	2時間（1.5時間）
			(2)	4時間（3時間）	2.5時間（2時間）
			(3)	5時間（4時間）	3時間（2.5時間）
1種及び2種住居地域、準住居地域、近隣商業地域、準工業地域	高さが10mを超える建築物	4m又は6.5m	(1)	4時間（3時間）	2.5時間（2時間）
			(2)	5時間（4時間）	3時間（2.5時間）
用途地域の指定のない区域	上記のうちのいずれかを選択する				

注）カッコ内は北海道の場合を示す。平均地盤面とは、周囲の地面と接する位置の平均の高さの水平面とする。

6 日影規制の緩和措置等

1. 同一敷地内に二以上の建築物がある場合の措置（法56条の2第2項）

同一の敷地内に2以上の建築がある場合は、これらのすべての建築物を一の建築物とみなして敷地全体の平均地盤面を算定し日影規定を適用する。
（高低差が3m超でも一地盤面として平均地盤面を算出し検討する。）

図2　同一敷地内に二以上の建築物がある場合の措置

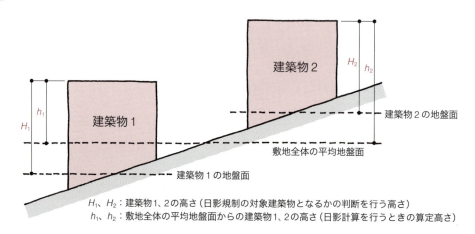

H_1, H_2：建築物1、2の高さ（日影規制の対象建築物となるかの判断を行う高さ）
h_1, h_2：敷地全体の平均地盤面からの建築物1、2の高さ（日影計算を行うときの算定高さ）

2. 隣地との高低差がある場合の緩和の措置（法56条の2第3項、令135条の12第1項二号）

建築物の敷地とこれに接する隣地との高低差が著しい場合、図3のような緩和がある。

図3　隣地との高低差が1m超ある場合の緩和措置

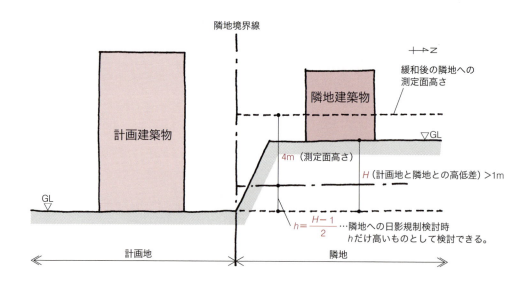

3. 接する道路の幅員によって異なる規制の緩和 （法56条の2第3項、令135条の12第1項一号）

接する道路幅員に応じて、規制ラインの緩和がある。

図4　接する道路の幅員によって異なる規制の緩和

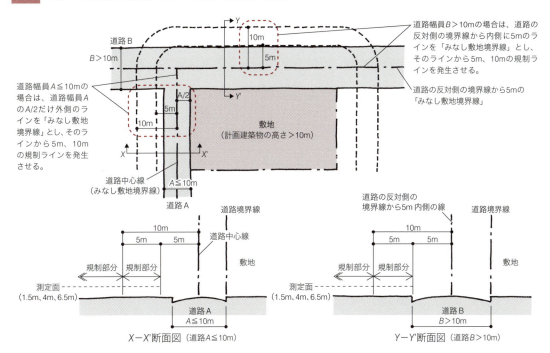

4. 対象区域外にある建築物が日影規制の対象区域内に影響を与える場合 （法56条の2第4項）

対象区域外の高さが10mを超える建築物が、冬至日において対象区域内の土地に日影を生じさせるものは、日影規制区域内にある建築物とみなして規定を適用する。

図5　対象区域外にある建築物が日影規制の対象区域内に影響を与える場合

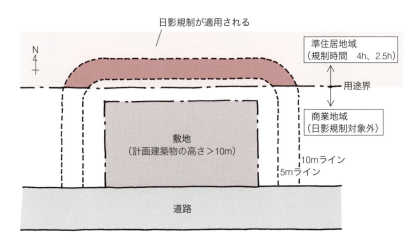

Q. 測定線の設定方法は？

A. 隣地が宅地・公園等で令135条の12第1項1号の緩和の対象とならない場合
測定線は敷地の外側に5m又は10m離れた点を結んだ線であり、その線上の任意の点と隣地境界線との最短距離は、常に一定（5m又は10m）である。また、模式的には、直径5m又は10mの円を敷地境界線に沿って回転させた時に円の通過する部分の最も外側の部分を結んだ線が測定線となる（法56条の2第1項）。

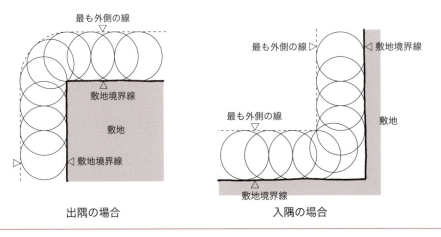

出隅の場合　　入隅の場合

Q. 道路等の幅が10m以上ある場合の測定線の設定は？

A. 道路、水面、線路敷き、その他これらに類するものの反対側の境界線から当該敷地側に5mの線を敷地境界線とみなす。（令135条の12第1項一号）

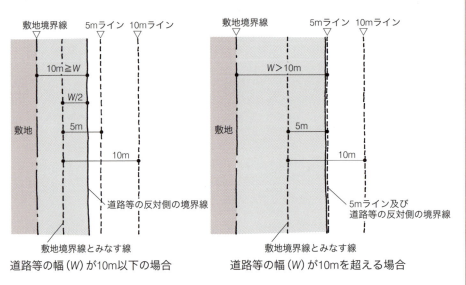

道路等の幅（W）が10m以下の場合　　道路等の幅（W）が10mを超える場合

Q. 発散方式と閉鎖方式とは?

A. 日影規制において、敷地境界線が道路、水面、線路敷き等に接する部分における緩和規定により5m及び10mの測定線を設定する場合、その設定方法に「発散方式」と「閉鎖方式」がある。

①発散方式

道路等の区域内に生ずる日影は規制対象から除外し、「みなし敷地境界線」の位置を定め、そのみなし敷地境界線から5mのライン及び10mのラインを設定する。

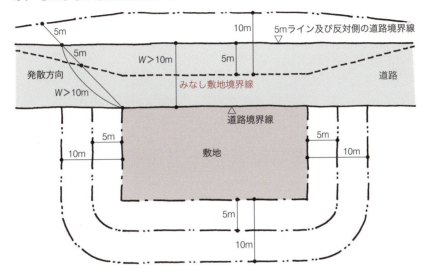

②閉鎖方式

敷地境界線をそのまま前面の道路等の区域内に移動した形で「みなし敷地境界線」を設定する方法で、みなし敷地に基づいて測定線が設定されるため、発散方式に比べて、作図が簡単で、安全側の検討ができる方法である。

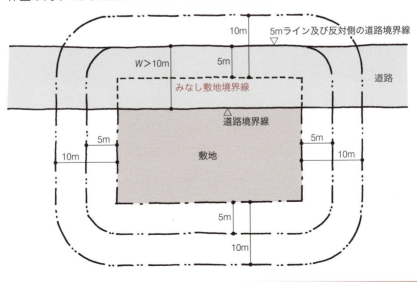

23 防火区画

延焼のおそれのある部分

> 🔍 **POINT**
> ◆「延焼のおそれのある部分」は、建築物間の延焼を抑制するため、道路中心線、隣地境界線や建築物相互の外壁の中心線からの範囲を規定している。また、耐火建築物、及び、準耐火建築物の場合や、防火地域、及び、準防火地域内にある建築物の場合は「延焼のおそれのある部分」にある開口部は防火設備にする必要がある。

1 「延焼のおそれのある部分」の範囲 (法2条六号)

1. 同一敷地内に二以上の建築物がある場合でも、延べ面積の合計が 500m² 以内の建築物は一の建築物とみなす。
2. 防火上有効な公園、広場、川等の空地若しくは水面又は耐火構造の壁その他これらに類するものに面する部分は除く。

図1 「延焼のおそれのある部分」の整理のし方

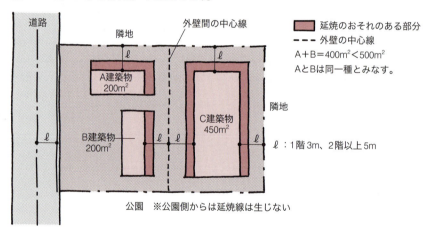

> ✅ **CHECK** 延焼のおそれのある部分の範囲
> 1. 道路中心線から
> 2. 隣地境界線から
> 3. 敷地内に他の建築物がある場合、建築物の相互の中心線から
>
> ➡ 1階は 3m 以内、2階以上は 5m 以内

2 耐火建築物・準耐火建築物等の外壁 (法2条九号の二、九号の三、令109条、令109条の2)

【耐火建築物】　非耐力壁である外壁の耐火性能を、「延焼のおそれのある部分」では <u>1時間</u> とし、その部分にある開口部には遮炎性能のある防火設備を設ける。

【準耐火建築物】（主要構造部が準耐火構造）　非耐力壁である外壁の準耐火性能を「延焼のおそれのある部分」では、<u>45分間</u>とし、その部分にある開口部には遮炎性能のある防火設備を設ける。

3 防火地域・準防火地域内にある建築物の防火上の措置 (法62条2項、64条)

①準防火地域内にある木造建築物等にあっては、外壁・軒裏で「延焼のおそれのある部分」を防火構造とする。

②防火地域及び準防火地域内の建築物で「延焼のおそれのある開口部」には準遮炎性のある防火設備を設ける。

4 防火設備とみなす外壁等 (令109条2項)

「延焼のおそれのある部分」にある外壁の開口部に設ける防火設備について、その開口部から遮る位置に設ける外壁等を防火設備とみなす。ただし、特定防火設備にあっては、その外壁を防火構造としなければならない。

Q. 屋外階段、開放廊下、バルコニー部分は、延焼にかかる部分の対象となるか？

A. 不燃材で造られた屋外階段、開放廊下、バルコニー等の部分は、法2条六号ただし書きの「防火上有効な公園、広場、川等の空地、若しくは、水面、又は、耐火構造の壁その他これらに類するものに面する部分」と取り扱われ、延焼にかかる部分の対象とならないので、外壁間の中心線の求め方は以下のようになる。

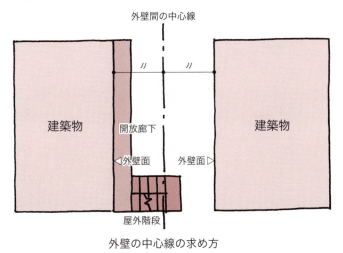

外壁の中心線の求め方

Q. 自転車置場、受水槽上屋、ポンプ室等、火災の発生が著しく少ない付属建築物と主用途の建築物相互間の「延焼のおそれのある部分」の取扱いは？

A. 主用途の建築物と自転車置場、受水槽上屋、屎尿浄化槽、及び、合併浄化槽の上屋、ポンプ室、その他の火災の発生のおそれが著しく少ない建築物、又は、平屋の小規模な物置、及び、ゴミ置場で主要構造部が不燃材料で造られ、開口部に法2条9号の二ロに規定する両面20分の防火設備が設けられたものは、法6条六号ただし書きの「その他これらに類するもの」として取り扱い、棟間相互に「延焼の恐れのある部分」は発生しない。

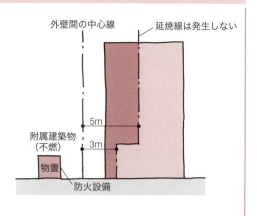

Q. 敷地内に2つの建築物がある場合で、建築物の相互の外壁が平行でない場合や建築物の相互の外壁面の長さが異なる場合の建築物の相互の中心線のとり方は？

A. 同一敷地内に2以上の建築物（延べ面積の合計が500m²以内の建築部は、1の建築物とみなす）がある場合の建築物相互間の「延焼のおそれのある部分について、外壁が並行でない場合、及び、外壁面の長さが異なる場合は、図のように取り扱うものとする。

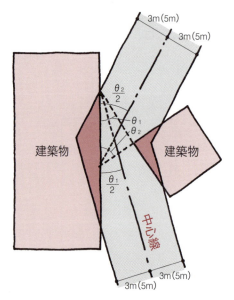

建築物の相互の外壁面が平行でない場合

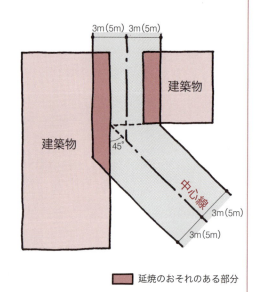

建築物の相互の外壁面が長さが異なる場合

延焼ラインが、車室（車庫）にかかっている場合の取扱いは？

 開放型自動車車庫の車室に面する外壁部分にある開放部分は、「外壁の開口部」に該当し、延焼のおそれのある部分にある開口部については防火設備が必要となる。
また、車路その他もっぱら通行の用に供し、通常時、車を駐車しない部分に面する外壁部分にある開放部分は、「外壁の開口部」には該当しないので、防火設備は不要である。

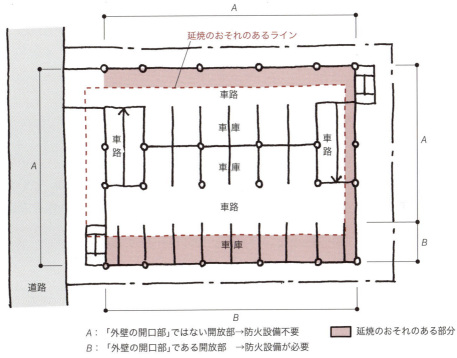

A：「外壁の開口部」ではない開放部→防火設備不要
B：「外壁の開口部」である開放部　→防火設備が必要

■ 延焼のおそれのある部分

 防火無指定の地域では延焼線は発生しないのか？

 「延焼のおそれのある部分」の定義は、法2条六号によると「隣地境界線、道路中心線又は同一敷地内の2以上の建築物相互の外壁間の中心線から、1階にあっては3m以下、2階以上にあっては5m以下の距離にある建築物の部分をいう」である。法22条指定区域では、延焼にかかる木造建築物等の外壁の仕様は「準防火性能」が必要であり、その開口部には制限はなく、防火設備（網入りガラス等）は不要である。法22条指定区域、防火地域、準防火地域以外の防火指定のない、いわゆる防火無指定の地域でも延焼線はなくなるわけではなく、建築物等を建築する場合は、その建築物が耐火建築物又は準耐火建築物以外の建築物の場合は、延焼にかかる外壁や屋根葺き材の仕様について制限がないが、耐火建築物又は準耐火建築物であれば、延焼にかかる外壁、開口部の制限については通常通り制限がかかる。

24 耐火

大規模木造建築物への準耐火建築物の適用

> **POINT**
> ◆木材の利用を促進するため、従来、耐火建築物としなければならない3階建ての建築物や3000m²を超える建築物について、一定の防火処置を講じた場合には準耐火建築物にでき、木造でも建築できるようになった。

1 延べ面積3000m²を超える木造建築物（法21条2項二号）

延べ面積3000m²を超える大規模木造建築物について、通常の火災による延焼を防止する性能を有する壁、柱、床等の建築物の部分、又は、防火設備（以下「壁等」という）で、建築物を3000m²以内ごとに区画すれば、主要構造部が耐火構造でなくとも木造で建築できる。

2 政令で定める大規模の建築物の「壁等」の性能に関する技術的基準（令109条の5）

表1　政令で定める大規模の建築物の「壁等」の性能に関する技術的基準

第一号	非損傷性	壁等に通常の火災による火熱が「火災継続予測時間」加えられた場合に、当該「壁等」が構造耐力上支障のある変形、溶融、破壊その他の損傷を生じないものであること
第二号	遮熱性	壁等に通常の火災による火熱が「火災継続予測時間」加えられた場合に、当該加熱面以外の面の温度が可燃物燃焼温度以上に上昇しないものであること。
第三号	遮煙性	壁等に屋内において発生する通常の火災による火熱が、「火災継続予測時間」加えられた場合に、当該「壁等」が屋外に火炎を出す原因となる亀裂その他の損傷を生じないものであること。
第四号	倒壊防止性能	「壁等」に通常の火災による当該「壁等」以外の建築物の部分の倒壊によって生ずる応力が伝えられた場合に、当該「壁等」が倒壊しないものであること。
第五号	延焼防止性能	「壁等」が、通常の火災時において、当該「壁等」で区画された他の部分への延焼を有効に防止できるものであること。

注1）「壁等」には、耐力壁である間仕切壁あるいは間仕切壁、柱、梁と防火設備で区画する「壁タイプ」と火災の発生のおそれの少ない室で区画する「コアタイプ」の2つがある。
注2）「火災継続予測時間」とは、建築物の構造、建築設備および用途に応じて火災が継続することが予測される時間をいう。

3 「特定避難時間倒壊防止建築物」と「耐火構造建築物」の技術的基準及び構造方法
(法27条1項、H27年国交告示225号)

「特定避難時間倒壊防止建築物」(令110条一号)

主要構造部 ：特定避難時間が45分未満の場合を除き、準耐火建築物と同等以上の性能を有する。

外壁の開口部：屋外から屋内への遮煙性能のみが求められ、周囲への遮煙性能を求めていない。なお、延焼にかかる開口部に法2条九号の二・ロに掲げる屋内及び屋外への遮煙性能を有する防火設備を設けた場合は、主要構造部が特定避難時間が45分以上の「特定避難時間倒壊等防止建築物」は準耐火構造となる。

「耐火構造建築物」(令110条二号)

主要構造部 ：耐火建築物と同一の性能を有する。

外壁の開口部：屋外から屋内への遮煙性能のみが求められ、周囲への遮煙性能は求めていない。なお、延焼にかかる開口部に、法2条九号の二・ロに掲げる屋内及び屋外への遮煙性能を有する防火設備を設けた場合は、耐火構造建築物は耐火構造となる。

4 「特定避難時間」(令110条一号)

H27年国交告示255号で「特定避難時間倒壊防止建築物」と「耐火構造建築物」の技術的基準及び構造方法具体的な構造方法は定めているが、「特定避難時間」については具体的には明示せず、特殊建築物の用途、規模に応じた特定避難時間を実験等により算出してその仕様を示したものである。

5 大規模木造建築物の事例 (法27条1項)

法別表第一(い)欄(一)項から(四)項までに掲げる用途に供する特殊建築物は、その主要構造部が、当該特殊建築物内にいる者の全てが地上までの避難を終了するまでの間、通常の火災による倒壊、及び、延焼を防止するために必要とされる性能を有し、かつ、建築物の他の部分から「延焼するおそれがある外壁の開口部」に政令で定める技術的基準に適合する防火設備を設けることにより、木造の3階建ての学校等でも建築できる。

【事例：木造3階建ての学校】

基準を整理すると以下のとおり。

①地階を除く階数が3であること。

②主要構造部が一時間準耐火構造であること。

③延焼ライン内の開口部を両面20分の防火設備とすること。

④対象範囲開口部を両面20分とすること(開口部を有する室に、自動式スプリンクラー設備等を設けた場合や、図1のⒶⒷⒸは除く)。

⑤建築物の周囲に 3m 以上の敷地内通路が設けられていること④⑥⑥。

> 図1　木造3階建ての学校の事例

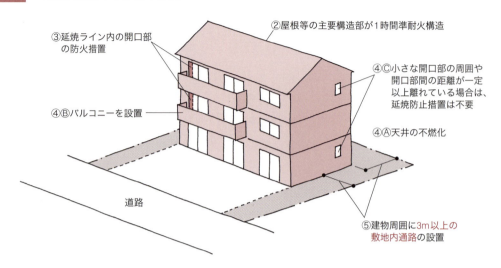

6　木造3階建て共同住宅等の技術的基準（令129条の2の3）

　3階以上の階を共同住宅の用途に供する場合は、法27条1項一号により耐火建築物としなければならないが、ある一定の規定を満たせば、3階建の共同住宅は木造でも建築可能である。平成27年6月の改正で以下の2点の規定が変更となった。

> 図2　木造3階建ての共同住宅の事例

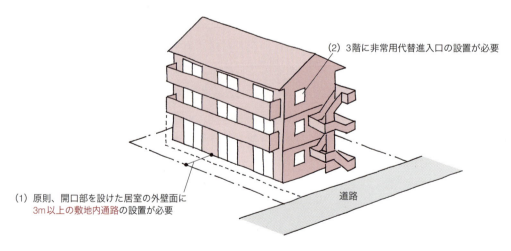

（1）建築物の周囲に幅員3m以上の通路の設置が必要。ただし、通路が必要な部分は、開口部を設けた居室の外壁面に限定され、以下の基準すべてに適合している場合は、3mの通路を設けなくてよい（「平成27年告示255号第1第二号ロ」）。

①各宿泊室等に避難上有効なバルコニーその他これに類するものが設けられている場合。
②各宿泊室等から地上に通ずる主たる廊下、階段その他の通路が、直接外気に開放されたものであり、かつ、各宿泊室等の当該通路に面する開口部に両面 20 分の防火設備が設けられていること。
③外壁の開口部から当該開口部のある階の上階の開口部への延焼のおそれのある場合は、当該外壁の開口部の上部に国土交通大臣が定めた構造のもの、又は認定を受けた防火上有効な庇、その他これに類するものが設けられていること。

(2) 非常用進入口、又は、非常用代替進入口の設置が必要

平成 27 年 6 月 1 日改正により、非常用進入口、又は、非常用代替進入口の設置が必要になった。

Q. 法 21 条で定めている「壁等」は、壁や防火設備で区画する「壁等」のみが告示で規定されているが、床で区画する場合も可能か？

A. 「壁等の構造方法を定める件」の H27 年告示 250 号では、壁と防火設備等で区画する内容が示されており、床等で区画する方法は示されていないため、現告示では対応できない。よって、この場合は、大臣認定を取得する必要がある。

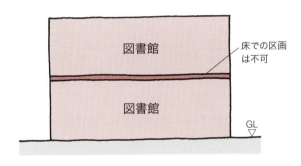

Q. 建築確認申請において「特定避難時間」の審査はどのように行われるのか？

A. 特殊建築物の用途、規模による「特定避難時間」は、建築確認での審査では特定避難時間に応じた主要構造部の構造方法等の仕様が「H27 年国交告示 255 号」に適合しているかどうかを確認し、特定避難時間について審査は行わない。なお、告示で規定する構造方法によらない場合は、個別に特定避難時間の妥当性等を審査した上で、大臣が認定することになり、建築確認の審査ではその認定書の確認になり、やはり、特定避難時間について審査は行わない。

25 防火

防火区画の形成と設置

> **POINT**
> ◆建築物内の火災の延焼拡大を防ぎ、避難上の支障がないようにするために防火区画の形成と防火区画の設置について技術基準が定められている。防火区画には、面積区画、高層階区画、竪穴区画、異種用途区画の4種類がある。

1 防火区画の設置が必要な建築物（法36条、令112条）

防火区画には「面積区画」、「高層階区画」、「竪穴区画」及び「異種用途区画」の4種類がある。防火区画の区画方法や緩和規定について、防火区画ごとの取扱いの概要を解説する。

> ☑ **CHECK** 防火区画の4種類（令112条）
>
> 1. 「面積区画」（令112条1項から4項）
>   「耐火建築物」及び「準耐火建築物」で、ある一定の延べ面積を超えるものは、一定の面積以内ごとに防火区画する。ただし、劇場、映画館の他、体育館、工場の部分は、適用が免除されることがある。また、階段室、昇降機の乗降ロビーを含む昇降路の部分では、緩和規定がある。
> 2. 「高層区画」（令112条5項から8項）
>   11階以上の高層階では、消火活動が制約されるので、防火区画の面積が100m²以内ごとに強化されている。内装制限や使用する特定防火設備により、緩和規定がある。
> 3. 「竪穴区画」（令112条9項）
>   吹抜き部分、階段部分、昇降機の昇降路部分、ダクトスペース等の竪穴部分又は、メゾネット住戸の部分等は、火災発生時の火煙の拡大防止のため、その周囲を防火区画する。
> 4. 「異種用途区画」（令112条12項、13項）
>   ①建築物の一部が法24条各号のいずれかに該当する用途の部分とその他の部分は、準耐火構造の壁、又は、「防火設備」で区画する。
>   ②建築物の一部が法27条1項各号、2項各号及び3項各号のいずれかに該当する用途の部分とその他の部分は、準耐火構造とした床若しくは壁、または、「特定防火設備」で区画する。

2 防火区画の床面積算定上の特例（令112条1項）

スプリンクラー設備、水噴霧消火設備等で自動式のものを設けた部分の床面積は、床面積の1/2に相当する床面積が除外される。床面積の倍読み規定で、1500m²以内ごとに設ける防火区画は3000m²以内ごととなる。

3 防火区画の設置が必要な部分（令112条）

4種類の防火区画の取扱いの詳細は、以下の表による。

表1　防火区画の設置が必要な部分（令112条）

防火区画を必要とする建築物（令112条）			適用条項	区画部分	区画の構造	緩和措置・特例措置
面積区画	耐火建築物（延べ面積1500m²以上）		1項	≦1500m²以内ごと	(耐火建築物) ・耐火構造の床・壁 ・特定防火設備	・用途上やむを得ないもの（劇場等の客席、体育館、工場） 義務準耐火では、内装材を準不燃材料とした体育館、工場に限る ・階段、昇降路部分を準耐火構造の床、壁、特定防火設備で区画したものに限る
	準耐火建築物 法27条、法62条の規定による義務準耐火建築物	下記以外（延べ面積1500m²以上）	1項	≦1500m²以内ごと		
		主要構造部を準耐火構造としたもの、又は、不燃構造で1000m²以上	3項	≦1000m²以内ごと	(準耐火建築物) ・耐火構造、又は、準耐火構造の床・壁 ・特定防火設備	
		外壁耐火構造としたもので500m²以上	2項	≦500m²以内ごと 防火上主要な間仕切壁	準耐火構造以上	
高層区画	11階以上の部分の区画（各階の床面積100m²以上）	内装は下地共不燃材	7項	≦500m²以内ごと	・耐火構造の床・壁 ・特定防火設備	階段室、昇降路、廊下等の部分を準耐火構造の床、壁、特定防火設備で区画したものに限る
		内装は下地共準不燃材	6項	≦200m²以内ごと		
		上記以外	5項	≦100m²以内ごと	・耐火構造の床・壁 ・防火設備	
竪穴区画	耐火建築物、又は、主要構造部を準耐火構造とした準耐火建築物で、地階、又は、3階以上の階に居室を有するもの		9項	メゾネット住戸、吹抜き部分、階段、昇降機の昇降路、ダクトスペース等の竪穴部分	・耐火構造以上の床、壁 ・防火設備（遮煙性能）	・避難階とその直上階、直下階とのみ通ずる吹抜き、階段等の部分で内装が下地共不燃材料であるものに限る ・階数が3以下、延べ面積200m²以内の住宅の吹抜き、階段等の部分
異種用途	建築物の一部が法24条の特殊建築物である部分（木造の学校等の特殊建築物）		12項	その用途部分相互間、及び、その他の部分	・準耐火構造の床、壁 ・防火設備（遮煙性能）	・主たる用途と従属的用途の関係で、自動車車庫、倉庫などの用途以外は一定の条件を満たす場合に区画を免除されることがある
	建築物の一部が法27条の特殊建築物である部分		13項		・準耐火構造の床、壁 ・特定防火設備（遮煙性能）	

注1）耐火建築物の主要構造部には「耐火構造」が必要となる。
注2）面積区画、及び、高層区画では、スプリンクラー設備、又は、その他の自動式消火設備を設けた部分の床面積の1/2を控除してよい。
注3）竪穴区画で用途上区画できない劇場等では天井、壁の内装を下地共準不燃材料とすること。
注4）上記の特定防火設備ならびに防火設備は、常時閉鎖式防火戸、又は、煙感知自動閉鎖式防火戸とし、遮炎性能を有するものとする。（令112条14項2号）

4 防火区画に対する措置

1. **「区画端部における火の回り込み防止」**（令112条10項、11項）

    ①準耐火構造、又は、耐火構造の床・壁、若しくは、特定防火設備に接する外壁部分は、幅90cm以上の部分を準耐火構造（1時間準耐火）とする。ただし、外壁面から50cm以上突出した準耐火構造のひさし、床、袖壁その他これらに類するもので防火上有効に遮っている場合はこの限りでない。

    ②これらの準耐火構造部分の外壁に設ける開口部には、遮炎性能のある防火設備を設ける。

2. **「防火区画を貫通する配管等に対する措置」**（令112条15項、16項）

    ①給水管、配電管等が準耐火構造の防火区画の床・壁を貫通する場合は、その部分の隙間をモルタル等の不燃材で埋め、防火区画から1m以内は不燃材とする。

    ②換気、暖房、冷房等の設備の風道が準耐火構造の防火区画を貫通する場合は、その部分の隙間をモルタル等で埋めるとともに、区画の貫通部分には、火災時の煙・熱を感知して自動的に閉鎖する、遮煙性能を有する防火ダンパーを設ける。

5 防火区画に用いる防火設備の仕様

表2 防火区画に用いる防火設備の仕様

防火区画の種類と防火設備設置を要する部分			防火設備	閉鎖方式
面積区画			特定防火設備	常閉又は随閉（熱感、煙感）
	竪穴部分の面積区画免除部分		特定防火設備（遮煙）	常閉又は随閉（煙感）
	内装準不燃による500m²、1000m²の区画免除			
高層区画	100m²区画		防火設備	常閉又は随閉（熱感、煙感）
	200m²、500m²区画		特定防火設備	
	高層区画免除部分	100m²区画	防火設備（遮煙）	常閉又は随閉（煙感）
		200m²、500m²区画	特定防火設備（遮煙）	
竪穴区画			防火設備（遮煙）	
異種用途区画	法24条各号の建築物との区画部分		防火設備（遮煙）	
	法27条部分の建築物との区画部分		特定防火設備（遮煙）	

Q. 法24条と法27条の異種用途区画の違いは？

A.

1. **建築物の一部が法 24 条の用途である場合の異種用途区画**
   当該部分と他の部分との間の壁及び開口部のみを異種用途区画の対象としているため、床については区画の対象とはならない（令 112 条 12 項）。

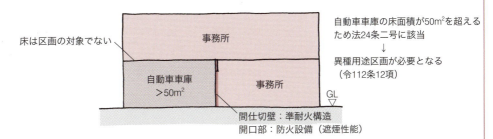

2. **建築物の一部が法 27 条の用途である場合の異種用途区画**
   当該部分と他の部分との間の壁または開口部に加えて床を異種用途区画の対象としている（令 112 条 13 項）。

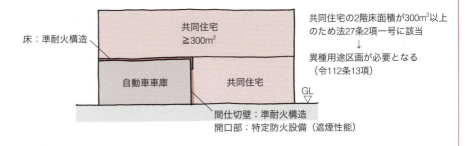

Q. 竪穴区画の内装制限の緩和は？

A.

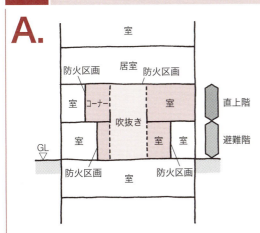

避難階からその直上階又は直下階のみに通ずる吹抜き部分は、区画を免除される。その場合の内装制限の範囲は、単に吹抜き部分のみでは不十分であるので、吹抜き部分と一体となっている空間の全てを内装制限の対象とする。なお、下地、仕上げを不燃材料で行うべき範囲は、当該吹抜きを含めて、耐火構造の床、若しくは、壁、又は、特定防火設備、若しくは、両面 20 分の防火設備で区画された部分の全てのものとする。

26 採光

採光上有効な開口部面積の取り方

> **POINT**
> ◆住宅、学校、病院などの居室の採光は、その床面積に対して一定の割合の採光上有効な開口部を確保することが規定されている。自然採光のための開口部は入所者が継続使用する居室に限定されており、すべての居室に義務付けられているものではない。

1 採光上有効な開口部面積の居室の床面積に対する割合 (法28条1項、令19条)

　居室の採光は人口照明でも得られるが、住宅の居室、学校の教室等では<u>自然採光</u>によるものとし、その床面積に対して一定の割合の<u>採光上有効な開口部</u>を設けなければならない。採光上有効な開口部面積の居室の床面積に対する割合は以下の表による。

表1　採光上有効な開口部の面積の居室の床面積に対する割合

居室の種類	採光有効面積／床面積
(1) 幼稚園、小学校、中学校、高等学校、中等教育学校の教室 (2) 保育所の保育室	1/5
(3) 病院、診療所の病室 (4) 住宅の居室、寄宿舎の寝室、下宿の宿泊室 (5) 児童福祉施設等の寝室及び児童福祉施設等（保育所を除く）の居室のうちこれらに入所又は通所するものに対する保育、訓練、日常生活に必要な便宜の供与等の目的に使用されるもの	1/7
(6) (1) の学校以外の学校の教室 (7) 病院、診療所及び児童福祉施設等の居室のうち入院患者、入所者の談話、娯楽等の目的に使用されるもの	1/10

注1）ふすま、障子等随時開放することができるもので仕切られた2室は1室とみなす。
注2）(1)から(5)までの居室で照明設備を設けた場合には緩和措置がある。

2 採光のための窓、開口部を設けることを要しない居室 (法28条1項ただし書き)

　大学や病院等で自然採光が診察や検査等に障害となる手術室、分娩室、X線撮影検査室、集中治療室等や厳密な温湿度調整が必要なクリーンルームの他、遮音構造が必要となる放送スタジオや住宅の音楽練習室やリスニングルーム等、その他用途上やむを得ない居室については採光上有効な開口部は設けなくてよい。（平成7年5月25日住指発153号）

3 居室に照明装置を設けた場合の緩和措置

居室に一定の照明器具を設置した場合、居室の床面積に対する採光上有効な開口部面積の割合を低減することができる。

表2 居室に照明装置を設けた場合の緩和措置（昭55建告1800号）

居室の種類		照明設備の基準	割合
幼稚園、小学校、中学校、高等学校	教室	1) 床面から50cmの水平面で200lxの照度が確保できる照明設備の設置 2) 採光有効面積（床面からの高さが50cm以上のものに限る）が床面積の1/7以上	1/7
保育所	保育室		
小学校、中学校、高等学校	音楽教室、視聴覚教室	1) 令20条の2に規定する換気設備の設置 2) 床面から50cmの水平面で200lxの照度が確保できる照明設備の設置	1/10

4 採光上有効な開口部面積の算定方法（令20条2項1号）

採光上有効な開口部の面積は、<u>（開口部の面積）×（採光補正係数）</u>で得た面積の合計とする。

【採光補正係数の算定式】

採光補正係数＝（採光関係比率×A）－B

天窓については採光補正係数の算定値の3倍、外側に幅90cm以上の縁側がある場合は算定値の0.7倍とする。採光補正係数は最大で3とする。

表3 採光有効面積の算定方法

地域・区域	A	B	C
住居系の用途地域内	6	1.4	7m
工業系の用途地域内	8	1.0	5m
商業系の用途地域内又は用途地域の指定のない区域内	10	1.0	4m

注1) 開口部が道に面する場合で算定値が1未満となっても、1.0とする。
注2) 開口部が道に面しない場合で水平距離がCm以上あり、かつ、算定値が1未満となっても1.0とする。
注3) 開口部が道に面しない場合で水平距離がCm未満で算定値が負数となった場合は、0とする。

【採光関係比率の算定式】

採光関係比率＝水平距離／その直上部の建築物の部分から開口部の中心までの垂直距離

2以上存在する時は最小の比率とする。

水平距離：開口部の直上にある建築物の部分から隣地境界線、同一敷地内にある建築物、又は、道路の反対側の境界線（公園に面する場合はその幅の1/2だけ外側の線）までの水平距離とする。

垂直距離：開口部の中心から直上にある建築物の部分までの垂直距離

図1 水平距離の求め方

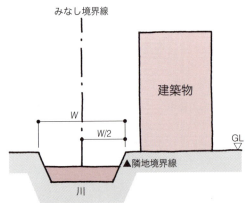

公園、広場、川などに面する場合は、隣地境界線が$W/2$だけ外側にあるものとみなす。

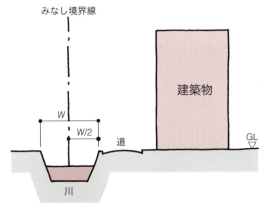

道の反対側に公園、広場、川などがある場合は、道の反対側から更に$W/2$だけ外側にあるものとみなす。

Q. 開口部の上部がセットバックしている場合の採光補正係数の算定方法は？

A. 図1について、開口部1はD_1/H_1、開口部2はD_1/H_3又はD_2/H_2の小さい方の数値とする。

図2については、D_1/H_1又はD_2/H_2の小さい方の数値とする。

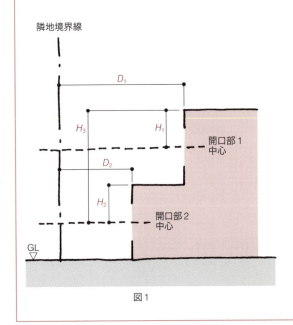

図1

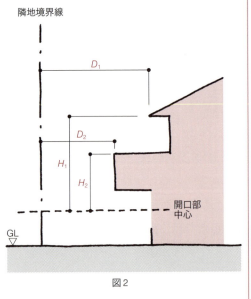

図2

Q. 2室同一室の採光について、「随時開放できるもの」とは？

A. 随時開放することができるもので仕切られた2室は、1室とみなして必要採光を計算することができる。引き戸やアコーデオンカーテンなどが該当する。室の独立性が高くなる開き戸は、幅が大きいものであっても該当しない（1～4）。（法28条）

上図はそれぞれ W_1 が W_2 の1/2以上あればA室とB室は採光上は一室とみなす。
又、用途地域が、近隣商業地域又は商業地域の場合は、さらに緩和され、区画された2室間に開口部があり、その開口部の面積が、内側の居室床面積の1/7以上あり、外側の居室の採光に有効な開口部の面積が、内側の居室と外側の居室の床面積合計の1/7以上あれば足りる（平成15年告示303号、5～6）。

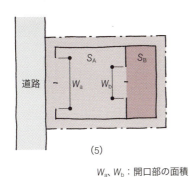
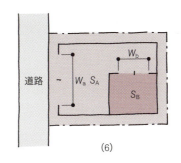

W_a、W_b：開口部の面積
S_A、S_B：床面積

$$W_b \geq \frac{1}{7} S_B$$
$$W_a \times K \geq \frac{1}{7}(S_A + S_B)$$

K：採光補正係数
したがって W_b は S_B の壁内であればどこにあってもかまわない

27 換気

換気が必要となる部分と換気設備

> 🔍 **POINT**
> ◆建築物内での居住、執務及び作業等の室内環境を整えるための規定の1つである換気は、原則、人間が継続的に使用する「居室」を対象に適用されるが、「居室以外」でも対象となる部分がある。また、シックハウス対策としての換気設備の設置が義務付けられている。

1 換気が必要となる部分（法28条、28条の2）

建築物内で換気が必要な部分は、「居室」が対象となる。居室には換気のための窓その他の開口部を、床面積に対して1/20以上、設けなければならない。ただし、技術基準に適合した換気設備を設けた場合は免除される。その他に「居室以外」でも調理室、浴室その他の室で火気を使用する設備若しくは器具を設けた部分が対象となる。

表1 換気が必要となる部分

換気が必要となる部分		換気の方式
有窓居室（換気に有効な開口部の面積が床面積の1/20以上）	法28条2項	自然換気
無窓居室（換気に有効な開口部の面積が床面積の1/20未満）	法28条2項、令20条の2	自然換気設備 機械換気設備 中央管理方式の空調設備
法別表第1(い)欄第1第1項の用途の特殊建築物の居室（劇場、映画館、演芸場、観覧場、公会堂、集会場）注	法28条3項、令20条の2	
シックハウス対策 （住宅等の居室や事務所、学校、病院等の用途の居室）	法28条の2、令20条の5	機械換気設備 中央管理方式の空調設備
火気使用室（調理室、湯沸室等で、コンロその他火を使用する室）	法28条3項、令20条の3	自然換気設備、機械換気設備
便所（採光及び換気のための直接外気に接する窓の設置義務）	令28条	自然換気
水洗便所（3種機械換気設備を設けた場合は、窓の設置免除）	令28条	機械換気（第3種換気）

注）劇場、映画館等に設ける換気設備は、自然換気とすることはできない。

2 換気設備（令129条の2の6）

建築基準法上の換気設備には、<u>自然換気設備</u>、<u>機械換気設備</u>及び<u>中央管理方式の空調設備</u>の3つがある。

【自然換気設備】（令20条の2第一号イ、昭和45年建設省告示1826号）

「給気口」は<u>天井の高さの1/2以下</u>の低い位置に、「排気口」は<u>天井又は天井から下方80cm</u>以内の高さに適切な立ち上がり部分を有する排気筒を設け、給気口、排気筒とも、<u>常時開放</u>しておかなければならない。ただし、調理室、浴室等で密閉式燃焼器具や毎時6kW以下の小規模な設備器具を設けた室で換気上有効な開口部がある場合は、換気設備の規定は適用されない（図1参照）。

図1 自然換気設備

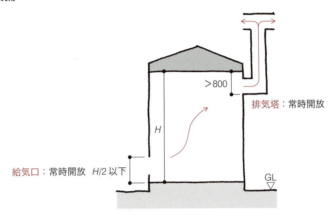

【機械換気設備】（令20条の2第一号ロ、昭和45年建設省告示1826号）

自然換気で十分でない場合には、給気機と排気機を設置して強制的に換気を行うもので、機械換気には、<u>第1種換気法</u>、<u>第2種換気法</u>、<u>第3種換気法</u>の3種類の方法がある（図2参照）。

図2 機械設備換気

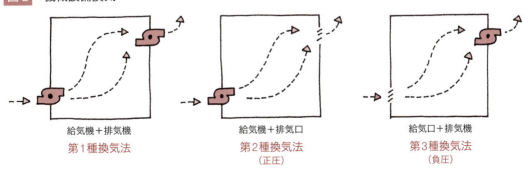

【中央管理方式の空気調和設備】（令20条の2第一号ロ）
　空気を浄化し、その温度、湿度及び風量を調節して供給する設備である。その設備の制御及び作動状態の監視は、中央管理室において行う（図3参照）。
⇒「14 知っておきたい法令用語」（62頁）参照

図3　中央管理方式の空気調和設備

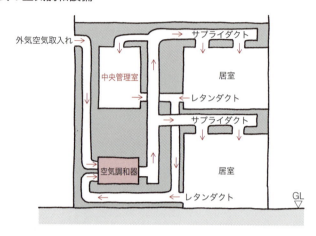

3　シックハウス対策の換気設備（令20条の7・令20条の8、令20条の9）

　建築材料や家具、日用品などから発散する化学物質により室内の空気が汚染されて、めまい、吐き気、頭痛、目や喉の痛みなど、居住者に健康被害が発生する。シックハウスの原因となる化学物質の室内濃度を下げるため、建築物に使用する建築材料の制限や換気設備の設置が義務付けられている。

1．建築材料の制限

【発散により衛生上の支障を生ずるおそれのある物質】（令20条の4、令20条の5）
　①クロルピリホスは使用禁止（白蟻の駆除剤として用いられたが、毒性が強く使用禁止）。
　②ホルムアルデヒドは、建築基準法令上は発散量により1種から3種に区分される。
　③石綿（アスベスト）を建築材料に添加し、又は添加した材料を使用することはできない。

【ホルムアルデヒド発散建築材料の規制対象となる住宅等の居室】（令20条の7表備考1参照）
　①住宅の居室並びに下宿の宿泊室、寄宿舎の寝室
　②家具その他これらに類する物品の販売業を営む店舗の売り場
　以上は、常時開放された開口部を通じてこれらと相互に通気が確保される廊下その他の建築物の部分を含む。

【ホルムアルデヒド発散材料の使用制限】（令20条の7、令20条の8）
　規制対象となる住宅等の居室の壁、床、天井の内装仕上げには、ホルムアルデヒドの発散建築材料の区分に応じて、使用量が制限されている。

①第1種ホルムアルデヒド発散建築材料は使用禁止。
②第2種・第3種ホルムアルデヒド発散材料の内装仕上げに用いた使用面積は、居室の換気回数に応じて制限される。内装仕上げにホルムアルデヒドを使用しない場合でも、家具等からのホルムアルデヒドの発散を考慮して、一定の換気設備が義務付けられている。

2. **シックハウス対策の換気設備の設置**（令20条の7、令20条の8、令20条の9）

全ての居室には、原則として令20条の8に規定する換気設備を設けなければならない。
①機械換気設備（空気を浄化して供給する方式の機械換気設備を含む）
②中央管理方式の空気調和設備

天井高さが一定の高さ以上の居室は、天井の高さに応じて換気回数が低減できる。また、自然換気等により換気回数0.5回/hが確保される居室は、換気設備が免除される。

図4　シックハウス対策の換気設備の例

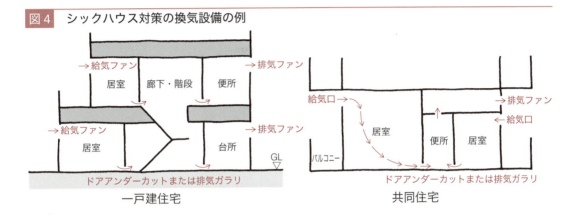

一戸建住宅　　共同住宅

Q. 「換気に有効な部分」とは？

A. 換気上有効な部分は隣地境界線（道路境界線を除く）又は同一敷地内で隣接する建築物の外壁から25cm以上の空間が確保されていることが条件となる。

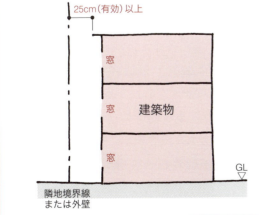
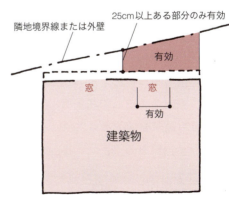

28 避難

直通階段と屋外避難階段

> **POINT**
> ◆直通階段の安全性を高めたものに、避難階段と特別避難階段があり、避難階段には、屋内避難階段と屋外避難階段の二つがある。ここでは直通階段と屋外避難階段について解説する。

1 直通階段とは（令120条、令121条の2、令122条）

直通階段とは、建築物の避難階以外の階から地上、又は、避難階にまっすぐ通ずる階段、又は、傾斜路をいう。この直通階段の安全性を高めたものに、避難階段（屋外避難階段、及び、屋内避難階段）と特別避難階段がある。特別避難階段は、階段室へ入る前に、附室、又は、バルコニーを経由することで最も安全性が高い階段である。

> **✓ CHECK** 避難階段及び特別避難階段とする直通階段（令122条）
> 【避難階段とする直通階段】
> 5階以上の階又は地下2階以下の階に通ずる直通階段は、原則、避難階段又は特別避難階段としなければならない。
> 【特別避難階段とする直通階段】
> 15階以上の階又は地下3階以下の階に通ずる直通階段は特別避難階段とする。
> ただし、主要構造部が耐火構造である建築物で、床面積の合計が100m²以内ごとに耐火構造床若しくは壁又は特定防火設備で区画されている場合は除く。

2 直通階段の配置

①建築物の各階において避難のための直通階段は、居室の各部分から、政令で定められた歩行距離以内に配置しなければならない。（令120条）
②政令で定める用途の建築物には、2以上の直通階段の設置が必要である。（令121条）
③2方向避難を確保するために、2以上の直通階段を設ける場合には、歩行距離の重複区間は、歩行距離の1/2以下としなければならない。（令121条3項）

3 屋外避難階段の構造

屋外階段とは、階段の2面以上、かつ、周長の1/2以上が有効に外気に開放された階段を

いう。外部階段に腰壁手すりが設けられている場合は、手すりの上部より高さ1.1m以上が有効に外気に開放されていることが必要である。

屋外避難階段の場合は、屋外階段の要件に加えて、外気に開放された階段部分が、その面する隣地境界線から50cm以上、かつ、同一敷地内の他の建築物又は当該建築物の部分から1m以上の離隔距離を確保する必要がある。

図1　屋外避難階段の構造

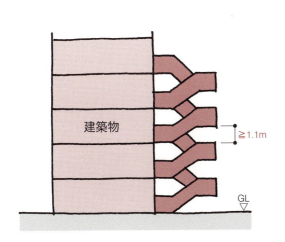
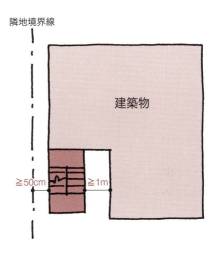

4　屋外避難階段に面した開口部制限について

図2　屋外避難階段に近接した開口部制限について

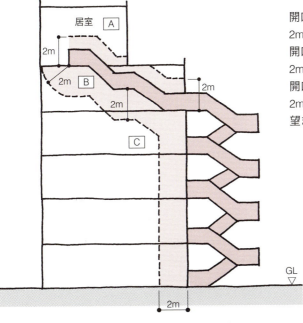

開口部 A は屋外避難階段の床面から2m以上離れているため設置できる。
開口部 B は屋外避難階段の床面から2m以内にあるため設置できない。
開口部 C は屋外避難階段の床面から2m以上離れているが、防煙上、設置は望ましくない。

Q. 屋外階段が開放廊下に接続されている場合にも竪穴区画を設けなければならないか？

A. 令112条9項で階段部分とその他の部分を区画するよう規定されている。階段部分とはすべての階段を規定しており、屋外階段、屋外避難階段を除外していない。よって、屋外階段、屋外避難階段にも竪穴区画が必要である。
又、開放廊下等の床面積が発生しない部分に屋外階段が接続されている場合、開放廊下部分は、床面積の発生はなく、屋内的用途でないので、令112条9項のその他部分に該当しないため、竪穴区画は、発生しない。

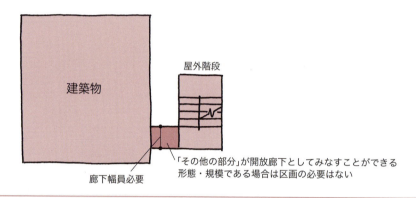

Q. 屋外階段からの避難経路について、階段出口から直接屋外に出る出口を設けた場合、階段出口から道路まで有効幅1.5m以上の屋外通路を設けなければならないか？

A. 図において、令125条1項の出口は屋外階段下端（地上）であるが、次の各号に該当する場合は図の出入口を出口とする。
①裏側の空地幅 が階段幅員以上あること。
②階段出口から出入口までの歩行距離が令120条に規定する数値以下であること。

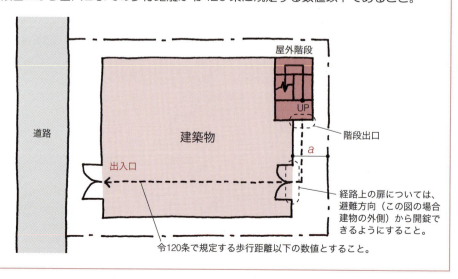

Q. 屋外階段出口からの避難経路とは？

A. 屋外階段の場合、避難階における階段出口から建築物の屋外出口までの歩行距離は、令120条に規定する数値（30m～60m）以下としなければならない。屋外避難階段の場合、屋外避難階段出口から直接有効幅1.5m以上の屋外敷地内通路に出て、道路に避難できる通路を設けなければならない。ただし、通路を建築物内に設けることができる取扱いを決めている特定行政庁もある。（令125条1項、令128条）

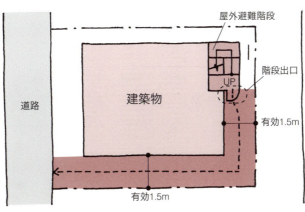

屋外通路の場合

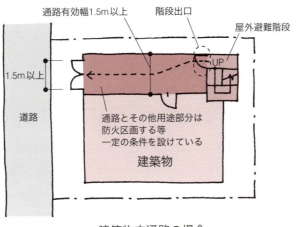

建築物内通路の場合
（特定行政庁により異なる）

29 避難

手すりの設置が必要な場所

> **POINT**
> ◆建築物に設ける手すりは、法35条で特殊建築物等の避難及び消火に関する技術的基準で規定され、歩行の補助や転落防止の目的で設置される。手すりの形状や材質は、建築基準法以外の規定も適用されるので注意が必要である。

1 手すりの設置が必要な場所（法35条、令25条、令126条）

1. 手すりの規定を受ける建築物（法35条、令117条）
1. 法別表第1（い）欄（1）項から（4）項に掲げる特殊建築物
2. 階数が3以上である建築物
3. 無窓居室（令116条の2）を有する階
4. 延べ面積が1000m² を超える建築物

2. 歩行の補助（令25条）
1. 階段及びその踊場には、歩行の補助や転落防止のための手すりを設けなければならない。
2. 階段の幅が <u>3m</u> を超える場合は、<u>中間に手すり</u>を設けなければならない。
   ただし、け上げが15cm以下で、かつ、踏面が30cm以上のものや高さが1m以下の階段の部分には適用しない。
3. 階段の手すりの高さの目安は、H ＝ <u>50cm</u> から <u>80cm</u> 程度とする。

3. 転落防止（令126条）
1. 屋上広場、又は、2階以上の階にあるバルコニーその他これに類するものの周囲には、安全上、高さH ＝ <u>110cm</u> 以上の手すりを設けなければならない。
2. 2階以上の階にあるバルコニーその他これに類するものとは、
   ①避難用のバルコニー（共同住宅のバルコニー）
   ②階段の踊り場
   ③廊下、ホール、ロビー、並びに、居室内の吹抜き部分
   をいう。

2 手すりの形状や材質

避難上有効なバルコニーや共同住宅の開放廊下等の手すりの形状や材質は、建築基準法以外に、「ガラスを用いた開口部の安全設計指針（建設省昭和61年5月31日付通達、平成3年4月4日付改定）」等で規定される。

Q. 手すりがある場合の階段幅の算定方法は？

A. 片側につき10cm、両側手すりの場合はそれぞれ10cmまでは、手すりがないものとみなして階段幅を算定することができる。

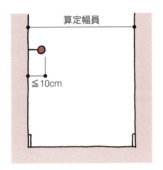
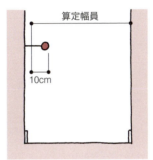

手すりの突出部が10cmを超える場合

Q. 手すり高さは、足かかり部分より1.1m以上必要か？

A. 足がかりについて、建築基準法上の規定はないが、共同住宅や不特定多数の人が利用する建築物には転落防止のために下図を参考に手すりを設置することが望ましい。（特定行政庁より別に取扱いがある場合がある。）

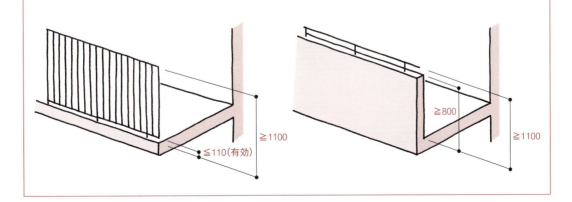

30 避難

排煙設備の設置が必要な建築物

> 🔍 **POINT**
> ◆特殊建築物やその他の居室は、火災が発生した時に避難や消火活動に支障をきたさないよう火災の初期段階で発生する煙を速やかに建築物の外部に排出する排煙設備の設置が義務付けられている。

1 排煙設備が必要となる建築物及びその他の居室(法 35 条、令 126 条の 2、令 126 条の 3)

「排煙上有効な開口部(令 116 条の 2 第 1 項二号)」があっても、排煙設備は義務付けられる。

表 1　排煙設備が必要となる建築物及びその他の居室

設置対象	延べ面積 A	
法別表第 1(い)欄(1)項から(4)項の特殊建築物	A > 500m²	注 1)
階数が 3 以上の建築物	A > 500m²	注 2)
排煙上の無窓居室(令 116 条の 2 第 1 項二号)	すべて	
床面積が 200m² を超える居室	A > 1000m²	注 3)

注 1) 倉庫、車庫などは除く
注 2) 高さが 31m 以下の部分にある居室で、床面積 100m² 以内ごとに防煙壁で区画されたものは除く。
注 3) 高さが 31m 以下の部分にある居室で、床面積 100m² 以内ごとに防煙壁で区画されたものを除く。

> ✅ **CHECK**　排煙設備の設置の免除される建築物 (令 126 条の 2 但し書き)
> 1. 法別表第 1(2) 項の特殊建築物で、床面積 100m² 以内ごとに防火区画されたもの(共同住宅の住戸では 200m² 以内ごとに防火区画されたもの)
> 2. 学校等(【学校等】の定義・62 頁参照)
> 3. 階段の部分、昇降機の昇降路の部分(昇降機の乗降のための乗降ロビーを含む)、その他これらに類する部分
> 4. 機械製作工場、不燃性の物品を保管する倉庫等の用途に供する建築物で、主要構造部が不燃材料で造られたもの、その他これらと同等以上に火災の発生の恐れが少ない構造のもの
> 5. 火災が発生した場合に避難上支障のある高さまで煙又はガスの降下が生じない建築物の部分として国土交通大臣が定めるもの(平 12 建告 1436 号)

2 排煙設備の構造（令126条の3）

図1 排煙上有効な開口部について

開口部面積（S）と有効開口面積（S_0）の関係は、回転角度（α）に応じて次の計算式により取り扱う。

$90° \geq \alpha \geq 45°$ のとき　　$S_0 = S$

$45° > \alpha \geq 0°$ のとき　　$S_0 = \dfrac{\alpha}{45°} \times S$

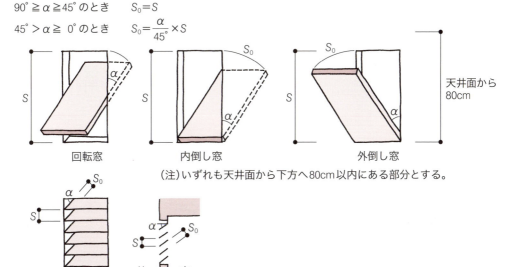

（注）いずれも天井面から下方へ80cm以内にある部分とする。

図2 手動開放装置の構造について

①単一操作であること（レバーを引く、押しボタン、チェーンを引く等）。
②壁面に設ける場合には、床面からの高さが80cm以上1.5m以下とすること。
③天井から吊り下げて設ける場合には、床面から1.8mとすること。
④手動開放装置の使用方法を表示すること。

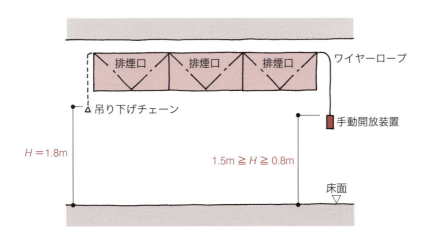

Q. 自然排煙室と排煙告示室(平成12年・建告1436号第四号ニ各号室)の相互間の防煙区画についてはどのような防煙区画が必要か?

A. 原則として、排煙告示室から見た排煙告示各号の要件にあった防煙区画を設ける。又、特定行政庁で別に取扱いを定めている場合があるので注意が必要である。
高さ31m以下の建築物の部分(法別表第1(い)欄に掲げる用途の部分に供する特殊建築物の主たる用途に供する部分で、地下に存する部分を除く)で、室及び居室に対する告示の適用は表2のように扱う。

表2 防煙区画の構成

建築物の各部位 \ 告示	平成12建告1436号第四号ニ			
	(1) 室	(2) 室	(3) 居室	(4) 居室
床面積	—	100m² 以下	—	100m² 以下
内装制限	準不燃の仕上げ	—	準不燃の仕上げ	下地・仕上げとも不燃
屋内に面する開口部	防火設備又は戸 注1	—	防火設備 注2	防煙垂れ壁 注3
区画	—	防煙間仕切り	100m² 以内ごとに耐火構造	防煙間仕切り

注1) ①居室、避難経路に面する開口部は、法2条九号のニロに規定する防火設備で令112条14項一号に規定する構造のもの。①以外の部分の開口部は、戸又は扉を設けること。
注2) 法2条九号ニロに規定する防火設備で令112条14項一号に規定する構造のもの。
注3) 告示で出入口の戸については規定していない。しかし、避難経路等に面する場合は、表面を不燃仕上げとした戸とし、かつ、常時閉鎖とすることが望ましい。

✓ CHECK 駐車場部分の排煙免除について

1. **機械式駐車場**の場合
   無人の機械式駐車場は令126条の2第1項四号の**機械製作工場等**に該当するものとして排煙設備は免除される。

1. **自走式駐車場**の場合
   高さ31m以下の地上部分においては平12建告1436号四号ニ(1)の適用、または平12建告1436号四号ハによる消防法に基く不燃性ガス消火設備を設けた場合は排煙設備は免除される。**地階**においては平12建告1436号四号ハによる消防法に基く不燃性ガス消火設備等を設けた場合のみ排煙設備は免除される。

3. **スロープ部分**について
   スロープ部分が各階と**防火区画**されている場合、スロープ部分は令126条の2第1項三号の**階段の部分等**に該当するものとして排煙設備は免除される。

Q. 令116条の2第1項2号の「開放できる部分」の検討時の防煙区画は必要か？

A. 令116条の2第1項2号の「開放できる部分のある居室」については、令126条1項一号及び二号で掲げる防煙区画を設ける必要がない。そもそも排煙設備の設置の必要がないので、令126条の3第1項一号〜十二号の排煙設備の構造規定も適用されない。

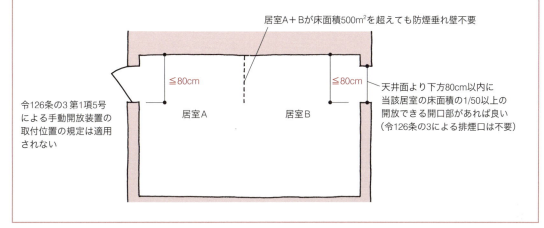

Q. 大空間の排煙設備の構造について、500m² 以内の防煙区画は取れているが、防煙区画内の各部分から 30m 以下の位置に排煙口を設けた場合、どのような防煙区画が必要か？

A. 防煙区画内に排煙口を設置する場合は、防煙区画内の各部から排煙口までの距離は、図のような廊下の、Ⓐ・Ⓑ・Ⓒ・Ⓓ 間には、防煙垂れ壁は不要である。

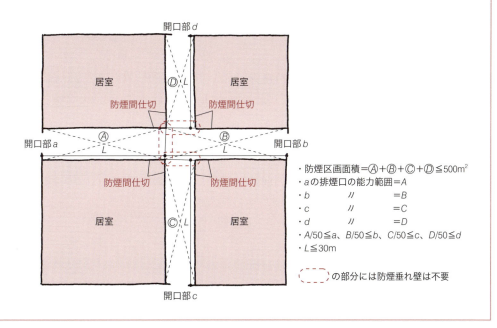

- 防煙区画面積＝Ⓐ＋Ⓑ＋Ⓒ＋Ⓓ ≦ 500m²
- aの排煙口の能力範囲＝A
- b 〃 ＝B
- c 〃 ＝C
- d 〃 ＝D
- A/50≦a、B/50≦b、C/50≦c、D/50≦d
- L≦30m

⌐ ¬ の部分には防煙垂れ壁は不要

31 消火

非常用進入口

> **POINT**
> ◆中高層建築物で火災が発生した時には、消防隊が外壁の開口部からの消火活動や救助活動を行う。基本的には消火活動を主とした目的としたものなので、倉庫など居室が無い階でも、用途に関係なく建築物の高さ31m以下の部分にある3階以上の階には、原則、非常用進入口を設置しなければならない。

1 非常用進入口、代替進入口の構造（令126条の6、令126条の7）

非常用進入口は、高さ31m以下の部分にある3階以上の階に設ける。道路又は空地とに高低差がある場合、又は斜面地や樹木等の障害がある場合でも非常用進入口、代替進入口は、原則設置しなければならない。高さが31mを超える高層建築物で、屋外からの消防活動が困難となるため非常用エレベータの設置が義務付けられている。

> **CHECK** 非常用進入口、代替進入口の構造
> 【非常用進入口の構造】（令126条の7）
> 1. 道又は道に通ずる幅員4m以上の通路等に面する各階の外壁に設ける
> 2. 外壁端部から進入口中心までの距離が20m以下とし、進入口の間隔は、40m以下に設置する（図1参照）
> 3. 赤色灯及び赤色表示を備えた奥行き1m以上、長さ4m以上のバルコニーを設ける
> 4. 進入口は、幅75cm以上×高さ1.2m以上とし、その下端の床面からの高さは80cm以下とする
> 5. 進入口は、外部から開放するか破壊して室内に進入できる構造とする
>
> 【代替進入口の構造】（令126条の6第二号）
> 1. 直径1m以上の円が内接する開口部、又は幅75cm、高さが1.2m以上の開口部で、格子その他の屋外から進入を妨げる構造を有しないもの
> 2. 外壁面の10m以内ごとに設ける（図1参照）

2 非常用進入口が免除される場合（令126条の6、平建告1438号）

> ☑ **CHECK**　非常用進入口が免除される場合（令126条の6、平建告1438号）
> 1. 非常用エレベータが設置されている場合
> 2. 代替進入口が設置されている場合
> 3. 不燃性の物品の保管その他これと同等以上に火災の発生のおそれの少ない用途に供する階
> 4. ①放射性物質、爆発物、有毒ガス等の有害物質を取り扱う建築物、変電所
>   ②冷蔵倉庫、拘置所、金庫室、電磁遮蔽室等
>   　特別な理由がある階で、直上階又は直下階から進入できる場合は設置が免除される。

図1　非常用進入口等

①非常用進入口の場合（令126条の7）
　外壁端部から進入口の中心までの距離を20m以下とし、進入口と進入口の各中心間の距離を40m以下とする。

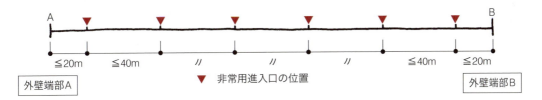

②代替進入口の場合（令126条の6第二号）
　外壁面を10m以下ごとに区切り、その区切りの範囲内の任意の位置に配置する。

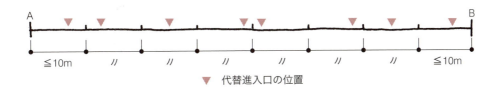

> ☑ **CHECK**　非常用の進入口の明示について
> 非常用の進入口に赤色の逆三角マークの明示を定めているのは40mごとにバルコニーと共に設置する非常用の進入口であって、10m以内ごとに設ける代替進入口については明示の定めがない。代替進入口の明示については所轄消防と協議をして決めることが多い。

3 非常用進入口と代替進入口の混用について（令126条の6）

　進入口は階ごとの規定のため、階別に非常用進入口と代替進入口を混用させることは認められているが、同一階における混用は、原則として認められない。ただし避難経路が用途ごとに分かれている場合や、平面計画が明確に分かれている場合、同一階の同一外壁面への混用は認められている。

図2　非常用進入口と代替進入口の混用について

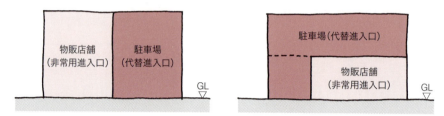

Q. 中庭に面する外壁面にも非常用の進入口又は代替進入口の設置は必要か？

A. 中庭等に進入できる4m以上の通路がある場合は、中庭等に面する外壁面にも非常用の進入口又は代替進入口の設置が望ましい。

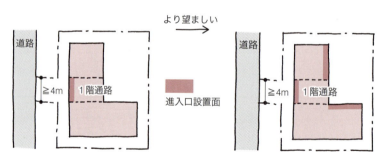

道に面しない棟がある場合は、道から中庭等に通ずる4m以上の通路を設け、中庭等に面する外壁面に非常用の進入口又は代替進入口の設置をする。

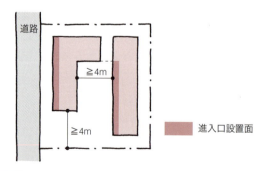

Q. 共同住宅に代替進入口を設ける時は？

A. 129頁図1の②のとおりとするか以下の特例がある。
共同住宅における代替進入口は、道又は通路に面したバルコニー又は開放廊下を経由して各住戸へ進入できるものとし、**次の①〜③のいずれかに該当する場合は、代替進入口を設けたものとして取り扱われる。**（昭和46年住建発85号）
①各住戸に進入可能なバルコニーを設けること。
②階段室型共同住宅にあっては、各階段室に進入可能な開口部を設けること。
③廊下型共同住宅にあっては、廊下、階段室その他これらに類する部分に進入可能な開口部を各住戸から20m以内に到達できるように設けること。

(1) 片廊下型の場合
①各住戸に進入可能なバルコニーがある。
　　　又は
③階段室又は片廊下に進入可能で進入可能な進入口から20m以内で全住戸に到達できること。

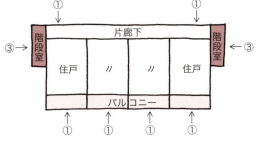

(3) 階段室型の場合
①各住戸に進入可能なバルコニーがある。
　　　又は
②各階段室に進入可能な開口部がある。

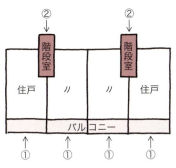

(2) 中廊下型の場合
①各住戸に進入可能なバルコニーがある。
　　　又は
③階段室又は中廊下に進入可能で進入可能な進入口から20m以内で全住戸に到達できること。

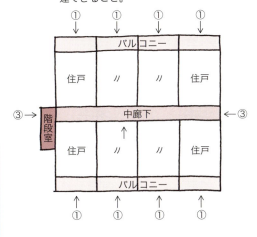

(4) ツイン型の場合
①各住戸に進入可能なバルコニーがある。
　　　又は
③渡り廊下に進入可能で進入可能な進入口から20m以内で全住戸に到達できること。

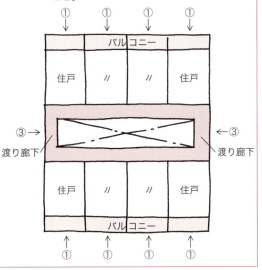

32 避難

非常用の照明装置

> 🔍 **POINT**
> ◆火災時には、建築物内は常用電源が断たれて真っ暗となり、避難上の支障が生じる。停電しても避難に必要な最低限の明るさを確保する必要がある。

1 非常用の照明装置の設置が必要な建築物（法35条、令126条の4）

特殊建築物や一定規模の建築物の居室及びこれらの居室から地上に通ずる廊下、階段その他の通路（採光上有効に外気に開放された通路を除く）等には、非常用の照明装置の設置が義務付けられている。

> ☑ **CHECK** 非常用の照明装置の設置が義務付けられている建築物（令126条の4）
> 1. 法別表第1（い）欄（1）項から（4）項に掲げる特殊建築物
> 2. 階数が3以上で、延べ面積が500m²を超える建築物
> 3. 延べ面積が1000m²を超える建築物
> 4. 採光上有効な開口部の面積が、居室の床面積の1/20未満である無窓の居室（令116条の2第1号）
>   ただし、以下の①から③に該当する部分には設置不要
>   ①病院の病室、下宿の宿泊室、寄宿舎の寝室、共同住宅の住戸、その他これらに類する居室
>   ②学校、体育館、ボーリング場、スキー場、スケート場、水泳場、スポーツ練習場
>   ③戸建住宅、長屋の住戸

2 非常用の照明装置の構造（令126条の5）

非常用の照明装置とは、火災時に停電した場合には自動点灯し、かつ、室内の温度が上昇した場合にあっても、避難するまでの間は、床面において1ルックス以上の照度を確保することができるものをいう。

✓ **CHECK** 非常用の照明装置の構造（令126条の5）
1. 白熱灯、蛍光灯（常温下で2ルックス以上）、高輝度放電灯等の耐熱性及び即時点灯性を有する直接照明の光源により、床面で1ルックス以上の照度を確保する。
2. 常用の電源が断たれた場合、自動的に予備電源に切り替えられ、常用電源が復旧した場合、自動復帰するものとする。
3. 予備電源は蓄電池とし、その容量は30分間とする。

3 非常用の照明装置の設置緩和部分（平成12年建設省告示1411号）

✓ **CHECK** 非常用の照明装置の設置緩和部分（平12建告1411号）
1. 採光上有効に直接外気に開放された通路（「開放廊下」、「屋外階段」）
2. 採光上の無窓とならない避難階の居室
   居室の各部分から屋外への出口までの一つに至る歩行距離が30m以下
3. 採光上の無窓とならない避難階の直上階、直下階の居室
   居室から避難階における屋外への出口又は屋外避難階段へ通ずる出入口に至る歩行距離が20m以下

Q. 「採光上有効に外気に開放された通路」とは？

A. 当該通路に設けられた開口部が次の要件を満たすこと。
1. 採光補正係数が0又は負数とならないこと。
2. 排煙上支障のない状態で外気に直接開放されていること。

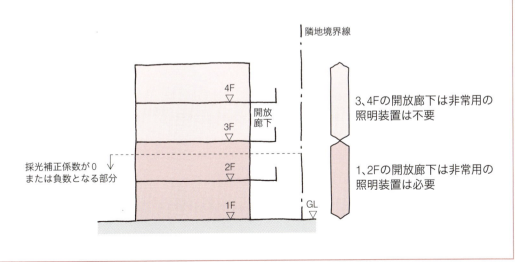

33 避難・消火

避難上・消火上必要な敷地内通路等

> **POINT**
> ◆建築物の敷地内には、火災時に入居者が建物から避難するための通路や消防隊の消火活動に有効な通路等の確保が必要となる。

1 敷地内通路の規定が適用される建築物（法35条、令127条）

敷地内通路の確保が必要な建築物は特殊建築物等の避難及び消火に関する技術的基準に規定されている。

> **CHECK** 敷地内通路の規定が適用される建築物（法35条）
> 1. 法別表第1（い）欄（1）〜（4）の特殊建築物
> 2. 階数3以上の建築物
> 3. 延べ面積（同一敷地内に2以上の建築物がある場合は、その延べ面積の合計）が1000m²を超えるもの
> 4. 無窓の居室を有する建築物（令116条の2）

2 避難上必要な敷地内通路には2種類がある（令127条、令128条）

避難上必要な道、又は公園、広場その他の空地に通ずる敷地内通路には、2種類がある。
1. 屋外に設ける避難階段の出口（令123条2項）
2. 避難階における屋外への出口（令125条1項）

それぞれの出口から道等まで、有効幅員1.5m以上を確保する（図1参照）

注　屋外階段の出口を直接地上に設ける場合は、その出口が令125条1項の出口とみなされ、道路等まで有効幅員1.5m以上の屋外通路が必要である。

3 避難上必要な敷地内通路の有効幅員 1.5m 以上の確保の仕方

図1 敷地内通路の有効幅員 1.5m 以上の確保の仕方

1. 通路内の支柱や境界塀が突出している場合

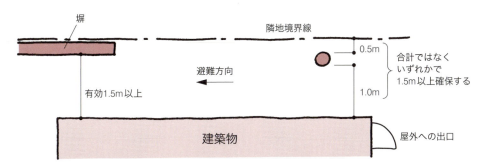

2. 入口と屋外への出口が異なる場合

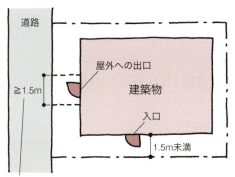

屋外への出口が直接道路まで1.5m以上の屋外敷地内通路で出られること。

3. 敷地が路地状敷地の場合

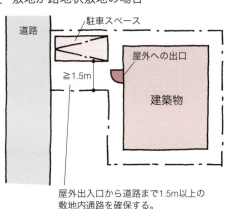

屋外出入口から道路まで1.5m以上の敷地内通路を確保する。

4 大規模木造建築物の敷地内通路の規定 （令128条の2）

1. **延べ面積が 1000m² を超える場合**
   - その周囲（道に接する部分を除く）に幅員 3m 以上の通路を設けなければならない。ただし、延べ面積の合計が 3000m² 以下の場合における隣地境界線に接する部分は、幅員を 1.5m 以上とすることができる（令128条の2第1項）。
   - 同一敷地内に2以上の建築物がある場合で、延べ面積の合計が 1000m² を超えるときは、その周囲（道に接する部分を除く）に幅員 3m 以上の通路を設けなければならない（令128条の2第2項、図2参照）。

   注）延べ面積が 1000m² 以下ならば敷地内通路の規定の適用はない。

図2 延べ面積が1000m²を超える場合

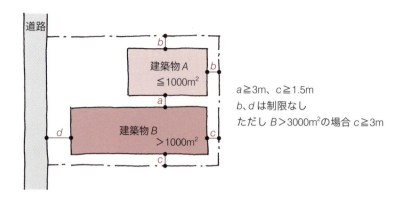

$a≧3m$、$c≧1.5m$
b、dは制限なし
ただし $B>3000m^2$ の場合 $c≧3m$

2. 延べ面積が3000m²を超える場合

・個々の建築物の延べ面積が1000m²以下であっても、それらの建築物の延べ面積の合計が3000m²を超える場合、その延べ面積の合計 <u>3000m²以内</u>ごとに、その周囲（道に接する部分を除く）に幅員 <u>3m 以上</u>の通路を設けなければならない。ただし、隣地側は1.5m以上の通路を設けなければならない（令128条の2第3項、図3参照）。

図3 延べ面積が3000m²を超える場合

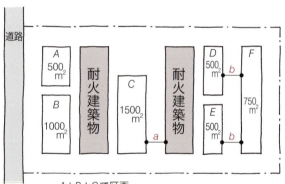

・A+B+Cで区画
・A+B+Cは3000m²以下であるがDを加えると3000m²を超えるので
　aの幅は3m以上必要
・bは3m以上必要

3. 棟と棟をつなぐ渡り廊下を通路が横切る場合の渡り廊下の仕様（令128条の2第4項）

・渡り廊下が通行・運搬専用で、廊下幅員が3m以下とする。
・通路を横切る部分には、通路幅員2.5m以上、通路高さ3m以上の開口部（消防自動車の通行）を設ける（図4参照）。

図4　棟と棟をつなぐ渡り廊下を通路が横切る場合の渡り廊下の仕様

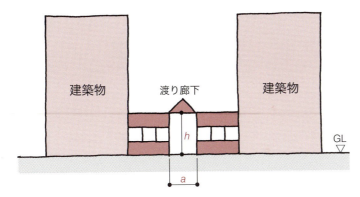

① 廊下の幅≦3m
② 通路の幅 a≧2.5m
③ 高さ h≧3m
④ 通行、運搬専用とする

 屋外の敷地内通路を設けることが困難な場合、建築物内に設けることができるか？

A. 令128条の通路は、敷地内の屋外部分に設けるのが原則であるが、以下の要件を満たし、かつ、避難上支障がない場合には建築物内であっても敷地内通路として取り扱うことができる。
・通路の有効幅員を1.5m以上確保すること。
・通路部分は、その他の屋内部分と耐火構造の壁、床及び常時閉鎖式の防火設備で区画し、通路の壁及び天井の下地、仕上を不燃材料とすること。
・通路部分は外気に十分開放されていること。

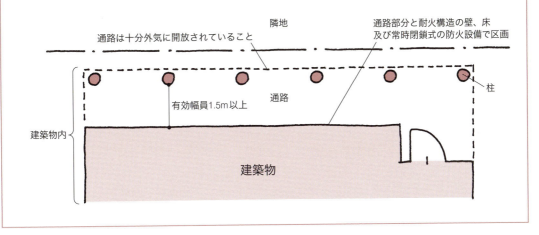

34 用途

サービス付き高齢者向け住宅

> **POINT**
> ◆高齢化が急速に進む中で、高齢の単身者や夫婦のみの世帯が増加しており、介護・医療と連携して高齢者を支援するサービスを提供する住宅の確保が求められている。このため、国土交通省・厚生労働省の共管制度として平成23年10月に、介護・医療と連携し高齢者を支援する「サービス付き高齢者向け住宅」の都道府県知事への登録制度が創設された。「サービス付き高齢者向け住宅」の建築基準法上の取り扱いについて解説する。

1 「サービス付き高齢者向け住宅」の建築基準法上の用途（法48条）

「サービス付き高齢者向け住宅」の建築基準法上の用途については、国土交通省の取り扱いに基づき、個々の建物の利用形態等を踏まえて、特定行政庁が総合的に判断することとなっている。

表1 「サービス付き高齢者向け住宅」の建築基準法上の用途

「サービス付き高齢者向け住宅」の建築基準法上の用途	「共同住宅」に該当する場合	「老人ホーム」に該当する場合	「寄宿舎」に該当する場合
各専用部分内の設備の有無（浴室の有無は問わない）	便所・洗面所・台所が備わっているもの	便所・洗面所はあるが、台所が備わっていないもの	
老人福祉法上の有料老人ホームへの該当	該当・非該当に関わらず	該当する	該当しない

2 用途を判断するための事前協議

「サービス付き高齢者向け住宅」の特定行政庁への登録手続きは、確認済証の発行後に行われるため、確認申請を提出する前に、特定行政庁の所管部局との事前協議を行い、計画建物の用途の判断を行う必要がある。確認申請時には、確認申請書の用途欄に用途名の後ろに括弧書きで「サービス付き高齢者向け住宅」と記載するとともに、事前協議の回答書等の写しを添付する。完了検査時に、「サービス付き高齢者向け住宅」の登録を受けたことを証する書類の提出をもって、建築基準法上の最終確認が行われる。「サービス付き高齢者向け住宅」の登録の更新をやめれば、建築基準法上の用途が変更されたとみなされて、法に不適合となる場合がある。

3 「サービス付き高齢者向け住宅」の付属用途について

共同住宅に該当する「サービス付き高齢者向け住宅」で、サービスの提供を共同住宅の居住者のみを対象とする場合は、浴室、食堂、及び管理事務所等は共同住宅の付属施設となる。老人デイサービス等の居住者以外に対してサービスを提供する場合は、共同住宅と老人福祉施設の複合用途建築物の適用を受ける。

4 「サービス付き高齢者向け住宅」の登録基準

詳細は、「高齢者が居住する住宅の設計に依る指針」（平成 21 年国土交通省告示 906 号）による。

表2　「サービス付き高齢者向け住宅」の登録基準（高齢者住まい法）

入居者	・単身高齢者（60 歳以上の者又は要介護・要支援認定を受けている者） ・高齢者と同居者（配偶者等、同居させる必要があると知事が認める者）
規模・設備等	・各住居部分の床面積は、原則 25 ㎡以上 ・各居住部分に、台所、水洗便所、収納設備、洗面設備、浴室を備えたもの ・バリアフリー構造であること
提供サービス	・安否確認等の状況把握サービス ・生活相談サービス （医師、看護師、介護福祉士、社会福祉士、介護支援専門員等が少なくとも日中常駐しサービス提供をする。常駐しない時間帯は、緊急通報システムにより対応する）

Q. 簡単なミニキッチンが置かれている程度でも「台所」として判断できるか？

A. サービス付き高齢者向け住宅は、1～2人の高齢者が居住する住宅であることから、ミニキッチンであっても、炊事機能がある設備が設けられておれば、台所として判断する。

Q. 建築基準法上の用途の判断において、便所、洗面所、台所が揃っているものは、共同住宅とあるが、浴室は不要か？

A. 共同住宅としての判断に、浴室の有無は問わない。どちらも建築基準法上、共同住宅として扱う。

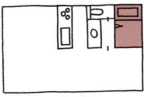
浴室付

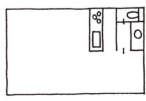
浴室なし

35 用途

認定こども園（幼保連携型と幼稚園型）

> **POINT**
> ◆「認定こども園法」（就学前の子どもに関する教育、保育等の総合的な提供の推進に関する法律）の改正により、未就学の子供に対する、幼児教育と保育とを一体的に行う単一の施設としての「幼保連携型認定こども園」が制度化され、教育基本法上の「学校」及び児童福祉法上の「児童福祉施設」に位置付けられた。「幼保連携型認定こども園」の建築基準法上の取扱いについて解説する。

1 「幼保連携型認定こども園」と「幼稚園型認定こども園」

「幼保連携型認定こども園」とは、認可幼稚園と認可保育所を単一認可施設として一体的に運用され、学校及び児童福祉施設としての法的位置付けを持つ。これに対して「幼稚園型認定こども園」には、「幼稚園型認定こども園：単独型」、「幼稚園型認定こども園：接続型」及び「幼稚園型認定こども園：並列型」の3つがあり、認可幼稚園単独施設、又は、認可幼稚園と認定外保育施設（児童福祉法施行規則4条の届出外）を併設した幼稚園がある。

> **CHECK** 幼保連携型認定こども園」と「幼稚園型認定こども園」
> 1. 幼保連携型認定こども園
>   - 学校及び児童福祉施設、単一の認可施設として一体的運用
>   - 受け入れ対象年齢は、0歳から5歳
> 2. 幼稚園型認定こども園（単独型）
>   - 認可幼稚園のみで、保育施設は持たない
>   - 受け入れ対象年齢は、3歳から5歳
> 3. 幼稚園型認定こども園（接続型、併設型）
>   - 認可幼稚園に認可外の保育施設を併設（児童福祉法の届出対象外）
>   - 受け入れ対象年齢は、各施設で設定可能（0歳から5歳）

2 「幼保連携型認定こども園」と「幼稚園型認定こども園」に適用される技術的基準

「幼保連携型認定こども園」：

　保育所と同様に 3 歳未満の子どもに対する保育を行うことを踏まえて、幼稚園及び保育所に適用される技術的基準で、規制内容がより厳しい方が適用される。建築物の延べ面積や構造種別の条件によって、個別の事案ごとに基準の適否を判断し、適切な対応が必要である。

「幼稚園型認定こども園」：

　「幼稚園型認定こども園」の預かり保育は、満 3 歳以上の子どもを対象とするため「幼保連携型認定こども園」と異なり、施設全体として「学校」及び「児童福祉施設」の両方に該当しないため、建築基準法上は認可幼稚園の部分については幼稚園の基準が適用される。満三歳未満の子どもの保育を行う併設保育機能施設の部分については、保育所の基準と幼稚園の基準のどちらを適用するかについては施設の実情に応じて判断されるが、「幼保連携型こども園」と同様に規制内容がより厳しい方が適用される。

注）「幼保連携型認定こども園」並びに「幼稚園型認定こども園」についての建築基準法上の取り扱いの詳細については、国住指 4185 号を参照のこと。

Q. 既存の幼稚園や保育所から、平成 27 年 4 月改正後の認定こども園法に基づく「幼保連携型認定こども園」に変更する場合に必要な建築基準法上の手続きは？

A.

（1）既存の幼稚園から認定こども園法の一部改正後の「幼保連携型認定こども園」に変更する場合は法 87 条 1 項に規定する用途変更の確認申請の手続きが必要である。

既存の幼稚園 → 幼保連携型認定こども園　**確認申請の手続きが必要**

（2）既存の保育所から認定こども園法の一部改正後の「幼保連携型認定こども園」に変更する場合は、令 137 条の 17 の規定に基づく「児童福祉施設等」間での類似の用途の変更に該当するため、法 87 条 1 項に規定する用途変更の確認申請の手続きの必要はない。

既存の保育所 → 幼保連携型認定こども園　**確認申請の手続きが不要**

（3）既存の幼保連携型認定こども園は、認定こども園法の一部改正後の「幼保連携型認定こども園」と同一とみなされ、増改築等を行う場合を除き、建築基準法に基づく確認申請の手続きの必要はない。

既存の旧法に基づく幼保連携型認定こども園 → 改正法に基づく新幼保連携型認定こども園　**確認申請の手続きが不要**

36 特例

「確認の特例」と「検査の特例」

> **POINT**
> ◆「確認の特例」とは、確認審査の合理化を図るため、一定の建築物について建築基準法令の規定のうち政令で定める規定を審査の対象から除外するものである。確認の特例と同様に、一定の建築物の工事で、当該工事が建築士である工事監理者によって設計図書とおりに実施されたことが確認された場合には、「検査の特例」として建築基準法令の一部が除外される。

1 建築物の建築に関する「確認の特例」（法6条の4）

　法6条の4で規定されている、次の1から3に掲げる建築物等について、確認申請における審査対象から一定の規定が除外される。確認の特例の適用を受ける建築物は、採光、換気の規定などに関する記述や、構造図及び構造計算書、設備に関する図書の添付や記述などが不要となる。

> **CHECK**　確認の特例を受けられる建築物（法6条の4）
> 1. 型式適合認定を受けた建築材料を用いる建築物（法68条の10第1項）
> 2. 認定型式に適合する建築物の部分を有する建築物
> 3. 法6条1項四号に掲げる建築物で建築士の設計によるもの
> 注）法6条1項四号に掲げる建築物とは、法6条1項一号〜三号に掲げる建築物以外で、都市計画区域、若しくは、準都市計画区域、若しくは、景観法74条1項の準景観地区内、又は、都道府県知事が関係市町村の意見を聴いてその区域全部、若しくは、一部について指定する区域内における建築物。

2 法6条の4第1項三号に掲げる建築物の建築に関する「確認の特例」（令10条3号、4号）

　法6条1項四号に掲げる建築物で、防火地域及び準防火地域以外の区域内における一戸建て住宅（住宅の用途以外の用途に供する部分の床面積が延べ面積の1/2以上であるもの、又は、50m²を超えるものを除く）、及び、一戸建て住宅以外の建築物で建築士が設計した建築物の場合、建築基準法令にかかる一部の規定が確認申請の審査対象から除外される。

3 アルミニウム合金造の建築物の構造基準 （令80条の2第二号）

　アルミニウム合金造の建築物は、構造の基準に関しては「確認の特例」の対象とはならず、原則、延べ面積を 50m² 以下にしなければならない。アルミニウム合金造の技術的基準は、平14国交告示 410 号で規定されているが、アルミニウム合金造の建築物の規模により求められる構造の技術基準が異なるので注意を要する。

> ☑ **CHECK**　アルミニウム合金造の技術的基準（平14国交告 410 号）
> アルミニウム合金造の建築物は、原則、延べ面積を 50m² 以下にしなければならない。
> ただし、この規模制限は次のいずれかに該当する場合は適用しない。
> 1. サンルームのように住宅等に付加的に設けられる場合（アルミニウム合金造部分床面積が 30m² 以下と 30m² 超〜 50m² 以下の場合により、求められる技術基準が異なる）。
>   ［アルミニウム合金造の部分の延べ面積が 30m² 以下の場合］
>   本体構造とアルミニウム合金造の併用構造（混構造）とは考えず、本体構造の一部として扱い、本体構造が木造であれば、延べ面積 500m² 以下かつ 2 階建て以下、また、木造以外であれば、延べ面積 200m² 以下かつ平屋建てであれば構造計算は不要となる。
>   ［アルミニウム合金造の部分の延べ面積が 30m² を超え 50m² 以下の場合］
>   併用構造（混構造）として扱うことになり、延べ面積 200m² 以下かつ平屋建てであれば構造計算は不要であるが、これ以外は構造計算が必要となる。
>   ※構造計算が不要の場合でも、本告示の仕様規定を満たす必要がある。
> 2. 許容応力度等計算を行った場合（50m² を超える延べ面積のアルミニウム合金造が可能）。

サンルーム
アルミニウム合金造の例

4 建築物に関する「検査の特例」（法7条の5）

　建築物の建築に関する「確認の特例を受けられる建築物」の法 6 条の 4 第 1 項一号〜三号の 3 つに該当する建築物の工事で、建築士による工事監理者によって設計図書のとおり工事が実施されていることが確認された場合には、検査に係る建築基準法令の一部が除外される。「検査の特例」を受ける場合には、通常の検査の申請の添付図書に加えて、次の 1 から 4 の各工事終了時における工事記録写真の添付が必要である。既に中間検査を受けている建築物にあっては直前の中間検査後に行われた工事に係るものに限る。

> ✓ **CHECK** 「検査の特例」に必要な工事記録写真（規則4条の15第二号）
> 1．屋根の小屋組
> 2．構造耐力上主要な部分の軸組もしくは耐力壁
> 3．基礎の配筋
> 4．その他、特定行政庁が条例で必要と認めて指定する工程

5 中間検査の対象となる特定工程には2つある

　中間検査の対象となる特定工程には、建築基準法で規定され全国一律に適用されるものと、特定行政庁が条例で指定したものの2つがある。建築基準法で規定され全国一律に適用される特定工程の中間検査を除き、特定行政庁が条例で指定した特定工程は、特定行政庁により省略規定を定めているところもあり、その省略規定に定められている条件を満たせば、その中間検査を省略できる。

6 住宅支援機構が行うフラット35の中間現場検査の省略

　住宅支援機構が行う「フラット35」の中間現場検査は、「建築基準法で全国一律に適用される特定工程の中間検査」、「特定行政庁が条例で定める特定工程の中間検査」、又は、「住宅瑕疵担保保険の躯体工事完了時検査」を、同一の指定確認検査機関で行う場合は、「フラット35」の中間現場検査は省略することができる。

Q. アルミニウム合金造の建築物でも、確認の特例は適用できるか？

A. 共同住宅などの敷地内に、別棟でアルミニウム合金造の駐輪場を設ける場合で、法6条1項四号に該当する建築物で、建築士の設計によるものは、法6条の3に基く令10条1項四号による「確認の特例」が適用される。ただし、アルミニウム合金造とした場合は、構造の基準に関して特例の対象にはならない。特例により審査省略ができるのは、平成19年告示1119号に掲げられている基準に限定され、平成14年告示410号は対象ではない。

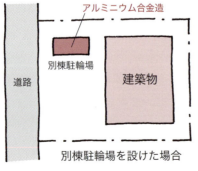

アルミニウム合金造の別棟駐輪場が50m²以下の場合は構造計算を行う必要はないが、告示410号の仕様規定は満足しなければならない。

別棟駐輪場を設けた場合

特定行政庁が条例で定める「特定工程による中間検査」を省略できる場合とは？

「建築基準法で全国一律に適用される特定工程の中間検査」には省略できる規定はないが、「特定行政庁が条例で定める特定工程の中間検査」については、条例の中で省略規定を定めている特定行政庁もある。

省略規定の例
・法85条（仮設建築物）の規定の適用を受ける建築物
・法18条2項の規定による通知に係る建築物
・法68条の20（認証型式部材等）の規定に適合する建築物
・住宅の品質確保の促進等に関する法律による「建設住宅性能評価書」の交付を受ける建築物

例えば、兵庫県内の一部では、特定行政庁が条例で定める特定工程の中間検査では、「建設された住宅性能評価」の交付を受ける建築物の場合は、特定行政庁が条例で定める特定工程による中間検査については、省略できる。この場合は、「建設された住宅性能評価書」の交付を受ける建築物の場合に限り省略できるのであって、「設計された住宅性能評価書」の交付のみを受ける建築物の場合は、省略ができない。

Q. 「フラット35」の中間現場検査省略について、確認申請を他の指定確認検査機関で行っている場合でも可能か？

A. 「建築基準法で全国一律に適用される特定工程の中間検査」、「特定行政庁が条例で定める特定工程の中間検査」又は「住宅瑕疵担保保険の躯体工事完了時の現場検査」のいずれかを同一の指定確認検査機関で行えば、「フラット35」の中間現場検査を省略することができる。よって、確認申請を他の指定確認検査機関で行った場合でも、省略をすることができる。

フラット35の他の制度を利用して中間現場検査を省略する手続き

「住宅瑕疵担保保険の現場検査」または「建築基準法の中間検査」と併せて、同一機関でフラット35の竣工現場検査を行う場合、中間現場検査を省略することができる。
〈一戸建て等の場合のみ〉

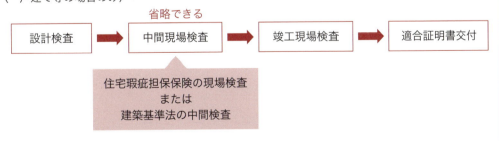

注）「住宅瑕疵担保保険の現場検査」または「建築基準法の中間検査」を行う検査機関とフラット35の物件検査の申請受理または現場での検査を行う機関が同一機関である場合に限る。

第4章

増改築編

増改築・リニューアル工事の 8 タイプ

　既存建物のリニューアル工事は、「増築」、「改築」、「移転」、「大規模の修繕・模様替え」、「用途変更」、「耐震改修」、「設備改修」、「減築」の 8 つのタイプに大別される。各工事の内容により建築確認の要、不要が判断される。ただし、建築確認が不要と判断されても、建築主はその建築物を適法状態にしなければならい義務はある。

リニューアル工事の種類と建築確認の要・不要

種類	工事内容	建築確認
増築	防火、準防火地域内での増築 ＊屋外階段など面積に算入されない増築でも建築確認は必要	必要
	防火、準防火地域以外で 10㎡以内の増築	不要
改築	既存建築物の一部、または、全部を除却した後、用途や規模、構造が著しく異ならない建築物を建築する	必要
移転	「曳き家」で敷地内に位置を変更する	必要
	防火、準防火地域以外で 10㎡以内の移転	不要
大規模の修繕・模様替え	主要構造部の過半の工事 ＊既存不適格建築物の場合は、構造耐力や耐火建築物等は遡及適用はない。 ＊一定条件を満たす四号建築物は不要 　（木造 2 階建以下、500㎡以下、又は木造以外は平屋建、200㎡以下）	必要
	主要構造部の過半に達しない工事	不要
用途変更	延べ面積が 100㎡超の「特殊建築物」への用途変更	必要
	延べ面積が 100㎡以下の「特殊建築物」への用途変更 ＊「特殊建築物」に該当しない用途変更、類似用途への変更は建築確認は不要	不要
耐震改修	耐震改修に伴い、主要構造部の過半を交換する「大規模の修繕・模様替え」に該当する場合	必要
	「増築」や「大規模の修繕・模様替え」に該当しない耐震改修 ＊「増築」に該当しても「耐震改修促進法の計画認定」を受ける工事は建築確認不要	不要
設備改修	法 6 条 1 項一号から三号の建築物に、昇降機の設置、及び、各特定行政庁が建築基準法細則「定期調査を要する建築設備」で指定している建築設備改修をする場合 ＊「建築設備の定期報告」をもって確認申請不要とする特定行政庁もある	必要
	法 6 条 1 項四号の建築物	不要
減築	原則、建築確認は不要 ＊大規模の修繕・模様替えに該当する工事の場合は必要	不要

37 増築

増築とは床面積の増加

> **POINT**
> ◆建築基準法では増築の定義が詳しくなされていない。法律運用上の定義を整理して、増築を正しく理解しておきたい。防火指定のない地域では10㎡以内の増築については確認申請の手続きは不要だが、防火指定のある地域では床面積を増加させれば原則、確認申請の手続きが必要となる。増築の判断を間違うと法令違反となる恐れがあるので、増築について十分理解を深めよう。

増築について

増築には2つのパターンがある。

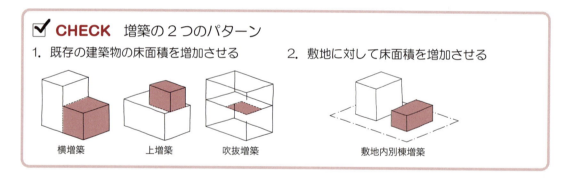

Q. 床面積を相殺しても「増築」になるのか？

A. 既存建築物の中に新たに床を設置する場合は、例え他の部分を一部除却して床面積を相殺または床面積を減じたとしても増築となる。EVの非着床の階にEVを着床させる場合も増築に当たると判断されることがあるので、計画地の特定行政庁に確認が必要である。

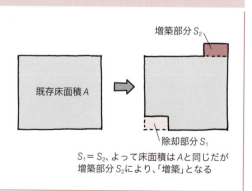

$S_1 = S_2$、よって床面積はAと同じだが増築部分S_2により、「増築」となる

Q. 1階に庇を設けた場合は？

A. 増築とは「既存の建築物の床面積を増加させる」場合と「敷地に対して床面積を増加させる」場合の2つのパターンがある。床面積とは「延べ面積」「建築面積」の双方のことであり、1階に出幅が1mを超える庇を設けた場合には、庇の下がピロティ同等と判断されると、「延べ面積」は増加しないが、庇の出幅が1mを超えているため、「建築面積」は増加する。このように「延べ面積」が増加しなくても、「建築面積」が増加すると増築と判断される。「建築面積」のみ増加する場合は、確認申請の要否について特定行政庁ごとに取り扱いが異なるので、計画地の特定行政庁に確認が必要である。

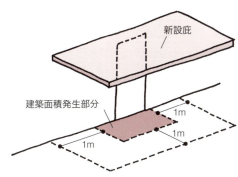

出幅が1mを超える庇を増築した場合、建築面積が増加し「増築」となる。

Q. 容積対象床面積のみ増加する場合は？

A. 駐車場部分で延べ面積の1/5の緩和の部分を別の用途に変更した場合、緩和適用ができなくなるため、容積率対象床面積は増加するが、延べ面積は従前のままである。このように容積率対象床面積は増加するが、延べ面積が増加しない場合は増築には該当しない。無論、容積率を満足していることが前提となる。

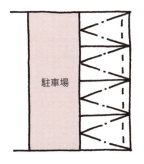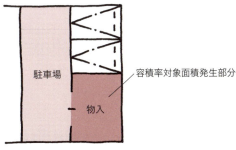

容積率対象床面積が増加しても延べ面積が増加しない場合は増築とはならない。

38 改築

改築と新築の違い

> **POINT**
> ◆増築と同様に、改築においても建築基準法では定義が詳しくなされていない。法律運用上の定義を整理して、改築と新築の違いを正しく理解して手続きの漏れがないようにしたい。

1 改築の定義について

改築とは、建築物の全部もしくは一部を除却し、または災害などによって滅失した後、従前の建築物と用途、規模、構造が著しく異ならない建築物を同じ場所に築造することをいう。つまり、従前とほぼ同じような建築物を築造する場合に限って、改築という。

2 改築と新築の違いについて

木造の建築物の全部を鉄骨造として建て替える場合は、従前のものと用途、規模が同じであったとしても、構造が著しく異なるため改築には該当しない。この場合は新築となる（図1）。

図1 木造を鉄骨造として建て替える場合

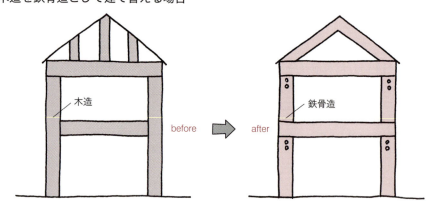

従前とほぼ同じような建築物であっても、木造を鉄骨造として建て替える場合は「新築」となる

改築の際には、使用する材料の新旧は問われない。古い木造住宅を解体して、部材を再利用して同規模の木造住宅を同じ位置に築造することは改築である（図2）。しかし、同一敷地内でも築造位置を変更する場合は新築になる（図3）。

図2 部材を再利用して建て替える場合	図3 築造位置を変更する場合
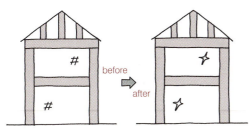	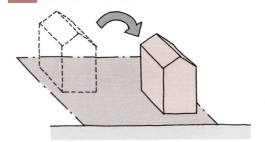
古い木造を解体して部材を再利用して建て替えることは「改築」となる	前のものと用途・規模が同じであっても築造位置を変更する場合は「新築」となる

改築は既存不適格扱いとはならないので、既存建築物の一部を除却、築造する改築であっても、既存部分は既存不適格扱いとはならず、建築物全体に現行法が適用される。つまり建築物の全部を改築する場合は、新築の場合と同様、確認申請のなかで建築物全体に現行法が適用され、審査されるので新築と同じ取扱いとなる。

Q. 4号建築の基礎を残して同じものを建てる場合、確認申請は必要か？

A. 建築物の一部を残して改築する場合、それが改築なのか大規模の修繕または大規模の模様替えに当たるのかの整理によって、申請の進む方向が変わってくる（大規模の修繕または大規模の模様替えの解説は「**40 主要構造部か否かを判断する方法**」参照）。法6条1項4号に該当する木造住宅の基礎を残して、上部構造を従前と同様に築造する場合、これを改築と判断すれば確認申請は必要だが、大規模の修繕または大規模の模様替えと判断すれば確認申請は不要となる。確認申請の要否については、計画地の特定行政庁に確認が必要である。

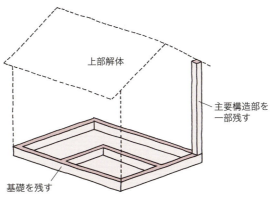

39 移転

移転とは曳家工事のこと

> 🔍 **POINT**
> ◆移転とは建築物、またはその一部を解体しないで別の位置に移す曳家工事をいう。平成27年6月1日施行の法改正で、敷地外にも移転ができるようになった。

　移す場所は敷地内だけでなく、一定の緩和基準に適合し、特定行政庁が認めた場合は敷地外への移転も可能となった。なお、建築物の壁、柱、小屋組、土台、斜材などの躯体を一旦解体し、移転先で元通りに組み立て直す、いわゆる「解体移転」については、建築基準法上の「新築」扱いとなる。

図1　移転は「解体しないで別の位置に移す」こと

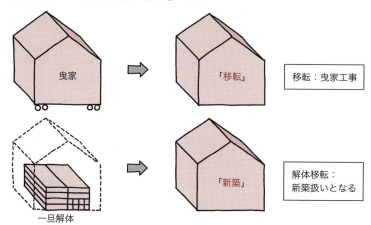

> ✓ **CHECK** 　移転する場合の確認の要否
> [同一敷地内での移転]
> ・防火地域および準防火地域以外の地域で移転部分の面積が 10m² 以内は確認不要
> ・令138条の指定する工作物（4mをこえる広告物等）は確認が必要
> [他の敷地への移転]
> ・他の敷地への移転は「新築」、移転先の敷地に既設の建築物がある場合は「増築」となり、確認は必要

Q. 移転は既存不適格が適用されるか？

A. 移転は既存不適格が適用され、現行の建築基準への適合は求められない。敷地内で移転する場合、移転後も引き続き同一敷地内にあるため、周囲に与える影響などが限定的であることから、全ての規定について既存不適格のまま移転できるようになっている。また、単体規定のうち、隣接敷地との関係で決まる基準、例えば屋根不燃化区域内（法22条区域内）にある木造建築物等で、従前以上に隣接する敷地境界線に近づくことにより、防火上の危険性を増大させるような場合、周囲への影響を考慮して、現行法の外壁等で「延焼のおそれのある部分」の防火措置等を行うことが望ましい。また移転の際に基礎を造り直すこと等によって可能な範囲で強化を行うことが望ましい。用途地域や容積率、建蔽率などの集団規定については、移転先となる敷地を適切に選択することによって適合させ、現行の建築基準に適合させることが望ましい（令137条の16第1号）。

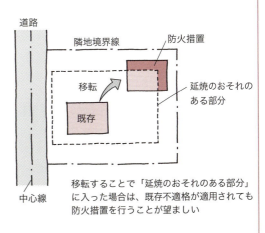

移転することで「延焼のおそれのある部分」に入った場合は、既存不適格が適用されても防火措置を行うことが望ましい

Q. 敷地外に移転するには？

A. 敷地外に移転する場合、移転先に一定の影響を与えることとなるため、移転を認める範囲が限定される。移転先の地域に支障を与えるような既存不適格建築物の移転は認められず、個々の事例ごとに、移転が、交通上、避難上、衛生上及び市街地の環境の保全上支障がないと特定行政庁が認めるものに限られる。つまり、敷地外へ移転が認められた場合、敷地内移転と同様にすべての規定について既存不適格建築物のまま移転することができる（令137条の16第2号）。

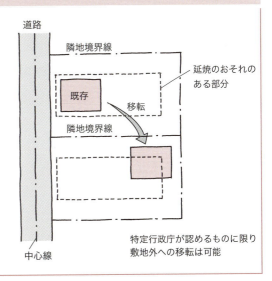

特定行政庁が認めるものに限り敷地外への移転は可能

40 大規模の修繕、模様替え

主要構造部か否かを判断する方法

> 🔍 **POINT**
> ◆既存建築物をリニューアルする場合、確認申請を伴う規模の工事であるかどうかを判断する必要がある。ポイントは「主要構造部」の過半以上の工事であるかの判断だが、ここでいう「主要構造部」について理解しないと判断ができない。

1 大規模の修繕、大規模の模様替えについて（法2条5号）

<u>大規模の修繕</u>とは「建築物の主要構造物の一種以上について行う過半の修繕をいう」、また<u>大規模の模様替え</u>とは「建築物の主要構造物の一種以上について行う過半の模様替えをいう」。修繕とは同じ材料を用いて元の状態に戻すことであり、模様替えとは違う材料にしたり仕様を変えることを指す。ここでいう「<u>主要構造部</u>」とは「建築物の防火上主要な構造部である壁、柱、床、はり、屋根または階段（ただし、局部的な小階段や屋外階段を除く）」のことである。

⇒「14 知っておきたい法令用語」（64頁）参照

2 「主要構造部」とは

「主要構造部」は建築物の防火上の観点から定められているので、「主要構造部」か否かを判断する場合は<u>防火上の性能に直接関係しているか</u>という視点で判断すると良い。

例えば鉄筋コンクリート造の建築物の陸屋根の防水シートを更新する場合、屋根の一部ではあるが「主要構造部」と見るかといえば、防火上の性能はコンクリート部分で確保しているので「主要構造部」ではないと判断するのが妥当である。また折板屋根が老朽化し雨漏りするのでカバー工法により新しい折板屋根を上に葺くケースがあるが、これは既存の折板屋根の防火性能が老朽化によって損なわれ（穴が開いている）新しくカバーした屋根で防火性能を満たしているとの見方をすれば、「主要構造部」としての屋根を模様替えする行為との判断になる。

次に壁とはどこまでを指すかについて、防火上の観点から壁は外壁及び防火上主要な間仕切壁（防火区画）が該当すると考えられるが、特定行政庁での確認は行っていただきたい。

3 「主要構造部の過半」とは（昭29年4月1日住指発461）

「主要構造部」については上記で説明したが、ここでは主要構造部の過半とは何かを整理する。主要構造部の過半の算定は2階建て以上の場合、その階についてのみ算定するのではなく、一棟の建築物全体についての過半で算定をすると示されている。また柱はりは床面積で判断するのではなく、柱は柱の総本数、はりははりの総本数で計算をする。

☑ **CHECK** 「主要構造部の過半」の目安（昭29年4月1日住指発461）

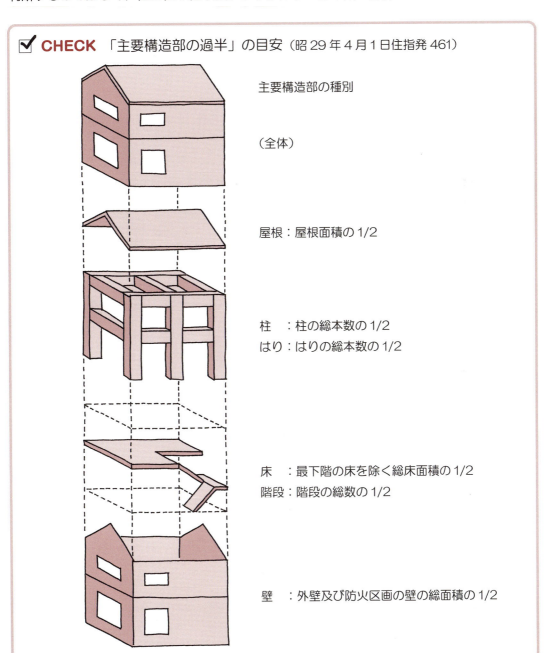

主要構造部の種別

（全体）

屋根：屋根面積の1/2

柱　：柱の総本数の1/2
はり：はりの総本数の1/2

床　：最下階の床を除く総床面積の1/2
階段：階段の総数の1/2

壁　：外壁及び防火区画の壁の総面積の1/2

41 既存不適格建築物

既存不適格項目の調べ方

> **POINT**
> ◆既存の建築物は建築された当時の建築基準法令に適合しており、当時の状態で使い続けている分には、現在の建築基準法令に適合していなくても良い。これは既存不適格建築物といって違法性はなく適法状態である。

1 既存不適格建築物とは（法3条2項、3項）

　既存不適格とは、既存の適法な建築物が法令の改正等により違反建築物とならないよう、新たな規定の施行時又は都市計画変更等による新たな規定の適用時に、現に存する又は工事中の建築物については、新たに施行又は適用された規定のうち適合していないものについては適用が除外されるものをいう。このことを法令では「法令不遡及の原則」という。この原則によって不適格部分を有する既存建築物のことを「既存不適格建築物」と呼び、違反建築物とは区別される。しかし、法令の施行・適用の際、既に違反建築であったものや、法令の施行・適用の後、不適格部分が一旦適合するに至ったものについては、既存建築物であっても適用の除外とはならない（図1）。

図1　既存不適格建築物に関する規定の適用について

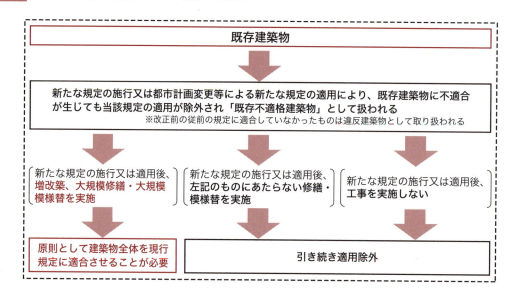

2 既存不適格項目の抽出は「建築基準法令等の改正経過」を参照する

　既存不適格建築物は、原則として増築、改築、大規模の修繕または大規模な模様替えを行う場合には、現行の建築基準法令に適合させなければならない。既存不適格項目を抽出する方法は、遡及項目抽出用改正年表（表1：筆者が法改正の主要な項目を整理して作成したもの）に、既存建築物の確認済証取得年月日以前の直近の改正年月日の欄を見つけ出しその欄の下側に線を引く。それ以降の建築基準法令の改正項目が既存不適格の項目となる。例えば増改築等を行う建築物の確認済証の取得年月日が平成元年（1988年）4月1日の場合は、図2のように既存建築物の確認済証取得年月日以前の直近の改正年月日の欄の下側に線を引けばよい。既存不適格項目はそこから下の項目となる。詳細は遡及項目抽出用改正年表（表1）を参照のこと。

図2　既存不適格項目の抽出方法

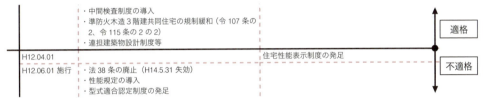

表1　遡及項目抽出用改正年表

年.月.日	建築基準法及び同施行令	同関連法令及び同施行令
S25.05.24	建築基準法の公布	建築士法の公布（S25.7.1 施行）
S32.05.15 施行	・道路内の建築制限の緩和（アーケード・上空通路等の許可申請可（法44条） ・工事中の建替え仮設の許可申請可（法85条4項）	
S34.12.23 施行	・別表第1（特殊建築物の耐火建築、簡易耐火建築）ができる（法27条） ・防火・準防火地域内における耐火・簡易耐火の規定（法61、62条） ・内装制限の規定ができる（法35条の2） ・建築に建築設備を含む（法2条） ・延べ面積 1/5 まで駐車場容対面積免除	
S36.12.04 施行	・特定街区制度の制定 ・延面積 1/5 まで駐車場容対面積免除	
S36.11.07		宅地造成等規制法の公布（S37.2.1 施行）
S39.01.15 施行	・容積地区制度（後に容積率制に改正）導入 ・建物の絶対高さ制限の撤廃 ・防火区画 11 階以上 100m²、200m²、500m² ごとの区画（令112条） ・15 階以上の歩行距離－10 m（令120条） ・避難階段の内装制限、特別避難階段の構造（令123条） ・耐火構造の基準、時間制に改正 （耐火構造の基準 S39.7.10 告示 1675 号→H12.6 改正）（令107条）	

表1

年.月.日	建築基準法及び同施行令	同関連法令及び同施行令
S39.09.01		電波法改正による規制（31mを超える建物による電波障害）
S43.06.15 （S44.06.14 施行）		新「都市計画法」の公布 都市計画法施行令の公布 市街化区域、市街化調整区域、開発許可制度、新用途地域（容積率制）
S44.06.03 （S44.06.14 施行）		「都市再開発法」の公布（防災街区造成法の廃止） 都市再開発法施行令の施行
S44.08.26		高度利用地区の新設
S44.05.01 （S44.05.01 施行）	2以上の直通階段の重複距離規定（令121条3項） スプリンクラー、水噴霧、不燃性ガス等の消火設備を設けた場合3000m²まで防火区画の緩和。（従来は設置部分すべて緩和された）（令112条1項） 地下街の基準強化（令128条の3） 特殊建築物, 面積, 階数, 火気使用室の内装制限の強化（内装制限緩和の場合、スプリンクラー＋排煙設備となる）（令129条） 竪穴区画の制限ができる（3階及び地下1階以上に居室のある建築物）（令112条第9項）	
S45.03.06		風致地区内の規制強化（高さ15m、建ぺい率の制限）
S46.01.01 施行	・新用途地域制の実施（6地域・地区→8地域）（法48条） ・物品販売店舗の階段幅の新設 60cm／100m²以上（令124条） ・屋外出入口等の施錠装置の構造基準（令125条の2） ・排煙設備の新設（令126条の2） ・非常用照明設備の新設（同条の4） ・非常用進入口の新設（同条の6） ・非常用EVの設置基準の新設（令129条の2、3）	
S46.09.01		総合設計制度開始（S61.12.27改正） （S46.9.1 許可準則通達、S58.2.7 市街地住宅）
S49.01.01	・2以上の直通階段設置基準の強化（6階以上に居室のある建物の追加）（令121条）	
S49.01.01	・熱感知器連動 → 煙感知器連動（竪穴区画及び異種用途区画）（令112条14項） ・煙感知器連動の遮煙性能を有するシャッター（W≦5m）ができた。(S59.ダクトダンパーは各室からの煙感知器連動となる)	
S49.03.31		工場立地法の実施
S52.11.01	施行 ・仮使用承認申請ができる（法7条の2） ・工事中の安全計画書届（法90条の3）（特殊建築物の増築、改造について工事中の安全計画） ・日影による中高層の建築物の高さ制限（法56条の2）	
S53.05.01	受水槽、高架水槽の六面点検スペースができる（建設省通達）	

表1

年.月.日	建築基準法及び同施行令	同関連法令及び同施行令
S54.03.30 (通達 第61号)	既存建物の防災対策の推進について (既存建物(ホテル、物販)で、現行法に合致しない部分の内、進入口、非常用照明、竪穴区画の指導)	
S55.05.01		地区計画制度の創設
S56.04.01		ビル管法(建築物における衛生的環境の確保に関する法律)大阪市による建基法90条の3第4項物件の指導開始
S56.06.01 (H5改正)		省エネルギー計画書の届改正(事務所、物販2000m²以上)
S56.06.01	新耐震設計法の公布(二次設計、保有水平耐力、剛性率・偏心率の検討)(令81条~82条の4)	
S56.07.30		「防災計画書記載事項」に関する建設省通達
S58.10.01	乙種防火戸における線入りガラス使用不可(網入りは可)建設省通達	
S62.11.16	・斜線制限の緩和(道路及び隣地境界線迄の距離に応じて)(56条)	
S62.11.16 S63.05.20	・容積率の緩和(道路幅による低減率の緩和、自転車置場の容積除外)	
	・準防火地域内木造3階建が可	
	・大スパン木造建築が可	
	・排煙設備の緩和(スポーツ練習場、共同住宅200m²まで可)	
		再開発地区計画制度の創設
	住宅の居室を地下に設ける場合の指針	
H3.12.01		興行場等に係る技術指針(建設省住指発第559号)
H5.04.01 施行		省エネ法改正 ・住宅以外の2000m²以上の建築物の努力義務
H5.06.25 施行	・住居系3地域→7地域(法48条)	
	・簡易耐火建築物→準耐火建築物(木造が可能となる。(令136-2))	
	・住宅地下室容積緩和(法52条2項)	
H6.10.01		ハートビル法の制定・実施
H7.12.25		建築物の耐震改修の促進に関する法律の実施
H9.06.13		環境アセスメント法の公布(H11.6施行)
H9.06.20		建築士法改正の公布(H10.6.19施行)
H9.09.01	共同住宅の共用部容積の緩和(法52条5項)	
H10.06.03		大規模小売店舗立地法の公布(H12.6.1施行、大店法廃止)
H10.06.03		中心市街地活性化法の公布
H10.06.12	住宅居室の日照規定(法29条)の廃止	
H11.05.01 施行	・建築確認・検査手続き ・中間検査制度の導入 ・準防火木造3階建共同住宅の規制緩和(令107条の2、令115条の2の2) ・連担建築物設計制度等	
H12.04.01		住宅性能表示制度の発足
H12.06.01 施行	・法38条の廃止(H14.5.31失効) ・性能規定の導入 ・型式適合認定制度の発足 ・指定認定機関制度の発足	

表 1

年.月.日	建築基準法及び同施行令	同関連法令及び同施行令
H12.06.01 施行	（施行令・告示の改正） ・採光面積の緩和（令 19 条、20 条） 　必要採光面積、採光補正係数化 ・住宅等の地階居室の基準新設（令 22 条の 2） ・階段及び踊場の幅及び手摺の設置規定（令 23 条、25 条） ・構造関係（令 82 条の 6）限界耐力計算法他（詳細略） ・屋根（法 22 条）外壁（法 23 条）耐火構造の屋外面に張る材料等 ・界壁（令 114 条）界壁構造を準耐火構造以上に統一 ・排煙設備（令 126 条の 2）200m²防火区画により 31m 以上でも排煙設備不要 ・共同住宅の緩和（令 122 条）200m²防火区画により 31m 以上で避難階段、特別避難階段不要 ・非常用進入口（令 126 条の 6）免除規定の新設 ・耐火性能検証による耐火被覆の緩和（令 108 条の 3） ・安全検証による避難規定の免除（令 129 条の 2、129 条の 2 の 2 及告示） ・昇降機（令 129 条の 3～13、告示）	
H13.05.18 施行		都市計画法の改正 ・線引制度の適用 ・開発指定区域の指定、 ・準都市計画区域の新設等
H13.07.27 施行		航空法施行規則の一部改定による航空障害灯の設置基準の緩和
H14.05.30 施行		建設リサイクル法の施行
H14.05.31 施行	法 38 条の失効 ・耐火、防火材料認定番号の切替え ・エレベータ区画の遮煙性能の確保　　　　　など	
H15.01.01 施行	建築基準法の一部改正 ・集団規定に関する選択肢の拡大 　（指定容積率、指定建ぺい率、敷地規模制限、前面道路幅員の容積率、緩和係数、建ぺい率制限、斜線制限勾配、日影規制測定面） ・容積率の緩和制度の導入 ・斜線制限の緩和制度（天空率）の導入 ・総合設計許可と一団地認定手続きの一本化	都市計画法の一部改正 ・街づくりに関する提案制度の創設（都計法第 21 条の 2） ・地区計画制度の整理・合理化
H15.02.15 施行		土壌汚染防止対策法の制定 ・土地の利用履歴調査 ・土壌汚染状況調査
H15.04.01 施行		省エネ法の改正 ・住宅以外で、延床面積 2000m² 以上の建築物の省エネルギー措置の届け出の義務化
H15.04.01 施行		ハートビル法の改正（H14.7.12） ・バリアフリー対応の努力義務対象の特定建築物の範囲拡大
H15.07.01 施行	・シックハウス対策のための規制導入	
H16.03.31 施行		工場立地法施行規則及び準則の改正 ・屋上緑化、壁面緑化も算定可能 ・環境施設の範囲拡大

表 1

年.月.日	建築基準法及び同施行令	同関連法令及び同施行令
H16.03.31 施行		駐車場法施行令の改正 ・交差点等から 5m 以内における路外駐車場出入口設置の禁止緩和 ・大規模路外駐車場の出入口の 10m 以上離隔確保緩和
H16.10.01 施行		労働安全衛生法施行令の一部改正 ・石綿含有製品の製造、使用等の禁止（含有率 1% を超え）
H16.12.17 施行		景観法の制定 ・景観行政団体による景観計画策定 ・景観計画による行為の規制 ・都市計画としての景観地区制度の創設
H17.06.01 施行	建築物の安全性及び市街地の防災機能の確保等を図るための建築基準法等の一部を改正 ・既存不適格建築物に対する勧告・是正命令制度（法 10 条 1 項、2 項） ・定期報告・検査制度の充実強化（法 12 条） ・既存不適格建築物に関する規制の合理化	
H17.08.01 施行	避雷設備の構造方法を定める告示改正（H12 告示 1425 号）	
H17.11.07 施行	学校の教室最低天井高さ 3m 以上の撤廃（令 21 条 2 項）	
H17.12.01 施行	防火シャッターの危険防止機構取付義務化（令 112 条 14 項第 1 号ロ） ① 障害物感知装置 ② 二段降下型防火シャッター	
H18.01.26 施行		建築物の耐震改修の促進に関する法律の一部改正 ・下記特定建築物の規模の引下げ 　①保育所、幼稚園、小中学校等、老人ホーム等、一般体育館 　②道路閉塞させる住宅・建築物 　③危険物を取扱う建築物 ・耐震診断、改修必要建物の指示範囲と規模要件の引下げ
H18.02.01 施行	汚物処理性能に関する技術基準として令 32 条 3 項 2 号に浄化槽法令を位置付け	浄化槽法の一部を改正
H18.04.01 施行		省エネ法の改正 ・対象外であった住宅、増築、改築、大規模修繕、模様替え（延 2000m² 以上）の追加、維持保全状況の定期報告
H18.09.30 施行		宅地造成法の一部改正 ・開発許可を受けた宅造工事は許可不要 ・造成宅地防災区域の指定 ・造成宅地防災区域における宅地造成に伴う災害の防止措置の勧告又は命令
H19.06.20 施行	建築基準法の一部改正 ・一定の高さ以上等の建築物について指定機関による構造計算審査の義務付け ・建築確認の審査期間 21 日を 35 日（最大 70 日迄可）に延長 ・3 階建て以上の共同住宅について中間検査の義務付け ・構造関係基準改正	

表1

年.月.日	建築基準法及び同施行令	同関連法令及び同施行令
H18.11.30 施行		駐車場法施行令の一部改正 ・駐車場法の自動車の定義に大型自動二輪車及び普通自動二輪車を含める。 ・自動二輪車専用駐車場又は駐車場のうち専ら自動二輪車の駐車の用に供する部分の技術基準の追加 　①出口から1.3m後退した車路中心から1.4mの高さで左右それぞれ60°の範囲を見通せること。 　②車路の幅員は3.5m以上 　③一方通行の車路の幅員2.25m以上 　④屈曲部の半径3m以上
H19.11.30 施行	建築基準法の一部改正 ・第2種住居及び工業地域内に建築してはならないものに、場外勝舟投票券発売所を加える。 ・準住居及び用途地域の指定のない区域内に建築してはならないものに、場内車券売場及び勝舟投票券発売所を加える。	都市計画法施行令の一部改正 ・開発整備促進区を定める地区計画の基準の制定 ・開発整備促進区における地区整備計画区域において、誘導すべき用途、土地の区域を追加 ・開発許可要に下記用途を追加 　①学校 　②社会福祉施設 　③病院、診療所 　④国、地方公共団体の庁舎 　⑤同宿舎 市街化調整区域における開発行為の許可できるものに上記①～③を追加
H20.11.28 施行		建築士法の一部改正 ・建築士等の業務適正化及び罰則強化 　①建築士の資質、能力の向上 　②専門建築士制度の創設（H21.5.27以降の確認申請から適用） 　③設計・工事監理業務の適正
H18.12.20 施行		「高齢者、障害者などの移動等の円滑化の促進に関する法律」の制定 ・「ハートビル法」及び「交通バリアフリー法」を統合
H21.09.01 発出	技術的助言 ・既存不適格建築物の増築等について	
H21.09.15 施行	告示改正 ・特避付室、乗降ロビー排煙設備	
H21.09.01 施行	既存不適格建築物の増築に係る構造関連規定の基準の緩和 ・増築部分1/20以下且つEXP.Jで接続されていて安全性が確認できる場合、法20条の遡及免除。	
H21.09.28 施行	建築基準法の一部改正（エレベーターに関する施行令129条の10改正） ・戸開走行保護装置の設置義務付け ・地震時管制運転装置（予備電源含む）の設置義務付け ・安全に係る技術基準の明確化	
H21.09.30 施行		消防法改正 ・自動火災報知設備及び非常警報設備の設置基準の一部強化 ・誘導灯の設置基準の見直し（60分作動）
H22.11.27 施行	施行規則の一部改正 ・構造一級、設備一級の書類記入	
H22.04.01 施行		省エネ法改正 ・1年間エネルギー使用量の記録義務及び定期報告

表1

年．月．日	建築基準法及び同施行令	同関連法令及び同施行令
H22.06.01 施行	確認手続き等の運用改善 ・確認審査の迅速化、図書の簡素化 ・軽微な変更の拡大	
H22.12.12 施行	建告1413号の一部改正 ・機械室レスEV、ホームEVについて	
H23.05.01 施行	確認手続き等の運用改善（第2弾） ・確認審査の迅速化、図書の簡素化 ・構造関係規定に係る改正	
H23.10.01 施行	建築基準法同等の規制を受ける工作物を定める件（国交告1002号） ・RC柱、S柱（架空電線路用等） ・太陽光発電設備	
H24.09.20 施行	・容積率規制に係る延べ面積の算定方法の合理化既存不適格建築物に係る規制の合理化（既存部分の1/2を超える増改築の円滑化	
H25.04.01 施行	・給湯設備の転倒等の防止を図るため関係告示	
H25.11.25 施行		耐震改修促進法改正 ・大規模な建築物等に対する耐震診断の義務付け ・容積率及び建ぺい率の特例
H26.04.01 施行	・建築物における天井脱落対策 ・EV・エスカレーターの落下防止	
H26.07.01 施行	・EVに係る容積率制限の合理化	
H27.03.18 発出	告1436号改正 ・火災時の煙の降下が避難上支障ない建築物の部分について	
H27.06.01 施行	建築基準法の一部改正 ・構造計算適合性判定制度の見直し 　－手続きは申請者が行う 　－ルート2の一部は適判対象外に 　－増改築時の適判義務付け　など ・指定確認検査機関による仮使用認定 ・木造建築関連基準の見直し ・新技術導入の円滑化（旧38条を復活） ・容積率制限の緩和 ・定期調査、検査報告制度の強化 ・事故に対する調査体制の強化 ・敷地外「移転」の緩和　　　　　など	
H28.4.1 施行		建築省エネ法の施行 ・誘導措置 ・表示制度
H28.6.1 施行	建築基準法の一部改正 ・定期報告を要する建築物等（一定の昇降機、防火設備、遊戯施設を含む）の指定 ・伝統的工法の利用促進のための規制の合理化 ・防火・避難に関する規制の合理化（屋根の燃え抜けの対象建築物、避難安全検証適用建築物、非常用進入口不要建築物の拡大） ・強化天井の追加 ・型式適合認定の合理化 ・超高層建築物の増改築の合理化	
H29.4.1 施行		建築省エネ法の施行 ・規制措置（省エネ規準適合義務、適合性判定義務） ・届出（300m²以上）・住宅トップランナー制度

注1) 建築行政情報センターHPの建築行政共用データベースシステム内の法令データベースで、建築基準法令の改正経過について、建築行政情報センターの情報会員（有料）になれば閲覧できる。
注2) 遡及項目抽出用改正年表（表1）は筆者が法改正の主要な項目を整理して作成したものである。

42 既存不適格建築物の増改築

集団規定・単体規定の緩和

> **POINT**
> ◆増改築を計画する際、用途地域関係等の集団規定を満足させることが困難で、計画を断念することがあるが、集団規定の緩和を適用すれば、既存不適格の状態が認められる。また単体規定においても一定の条件のもと引き続きこれらの規定を適用しないとする緩和規定が設けられている。

既存不適格建築物に対する制限の緩和について（法3条3項三号、法86条の7、令137条の2～12）

　既存不適格建築物に増改築、大規模修繕等をする場合は、原則として現行法を適用させなけれならないが、下記の表1及び表2の範囲で増改築、大規模修繕等する場合は、既存不適格の状態が認められる。また増築、改築、大規模の修繕および大規模の模様替えをする部分と既存部分が開口部のない耐火構造の床、壁で区画されておれば、その一体の部分（「独立部分」）にだけ現行法を適用し、それ以外の部分は遡及適用しないことができることが示されている。

表1　単体規定で緩和されるもの

不適格条文	政令で定める増改築の範囲
防火壁 法26条 令137条の3	基準時以後の増改築部分の面積が50m²を超えないもの
特殊建築物の耐火要件 法27条 令137条の4	基準時以後の増改築部分の面積が50m²を超えないもの（増築は、劇場の客席、病院の病室、学校の教室など特殊建築物の主たる用途の部分以外の増築部分に限る）
石綿関係 法28条の2 令137条の4の3	①増改築部分の面積が、基準時の延べ面積の1/2を超えないもの ②増改築部分に規制対象石綿が使用されていないこと（撤去済み） ③増改築部分以外の部分は、基準に適合した封じ込め等の措置済
界壁関係 法30条 令137条の5	増築：増築後の延べ面積が基準時の延べ面積の1.5倍を超えない 改築：改築部分の面積が、基準時の延べ面積の1/2を超えない
非常用昇降機関係 法34条2項 令137条の6	増築：増築部分の建築物の高さが31mを超えず、かつ、増築部分の面積が基準時の延べ面積の1/2を超えないこと 改築：改築部分の面積が、基準時の延べ面積の1/5を超えず、かつ、改築部分の建築物の高さが、基準時の高さを超えないこと

表2 集団規定で緩和されるもの

不適格条文	政令で定める増改築の範囲
用途地域関係 　法48条 　令137条の7	①増改築が基準時の敷地内であるもの、かつ、増改築後の建蔽率、容積率が基準時の制限に適合すること ②増築後の面積が、基準時の面積の1.2倍を超えないこと ③増築後の用途規制に適合しない部分の面積が、基準時の適合しない部分の面積の1.2倍を超えないこと ④用途規制に適合しない事由が、原動機の出力、機械の台数、容器の容量（「原動機の出力等」）の場合は、増築後の原動機の出力等が、基準時原動機の出力等の1.2倍を超えないこと ⑤用途の変更を伴わないこと（政令で定められた用途変更を除く）
容積率関係 　法52条1項・2項・7項 　法60条1項 　令137条の8	①増改築部分が、自動車車庫等であること ②増築前の自動車車庫等以外の面積が、基準時の自動車車庫等以外の面積を超えないこと ③増改築後の自動車車庫等の面積が、増改築後の当該建築物の床面積の合計の1/5を超えないこと（ただし、改築の場合で改築時に基準時の床面積の1/5を超えていた場合は、その範囲内）
高度利用地区、都市再生特別地区 　法59条1項 　法60条の2第1項 　令137条の9	①増築後の延べ面積、建築面積が基準時の1.5倍を超えないこと ②増築後の建築面積が、建築面積の最低限度の2/3を超えないこと ③増築後の延べ面積が、容積率の最低限度の2/3を超えないこと ④改築部分の面積が、基準時の延べ面積の1/2を超えないこと
防火地域、特定防災街区整備地区 　法61条 　法67条の2第1項 　令137条の10	①基準時以後の増改築部分の面積（同一敷地内合計）が50m²を超えず、かつ、基準時の当該建築物の延べ面積を超えないこと ②増改築後の階数が2以下で、かつ、延べ面積が500m²を超えないこと ③増改築部分の外壁、軒裏は防火構造とすること
準防火地域 　法62条1項 　令137条の11	①基準時以後の増改築部分の面積（同一敷地内合計）が50m²を超えないこと ②増改築後の階数が2以下であること ③増改築部分の外壁、軒裏は防火構造とすること

43 既存不適格建築物の既存遡及

全体遡及と部分遡及

> 🔍 **POINT**
> ◆既存不適格建築物に増築、改築、大規模の修繕又は大規模の模様替えを実施する場合に、緩和を適用しても遡及を受ける項目が残る。ここでは全体遡及と部分遡及について理解を深め、増改築時の既存対応に備えたい。

全体遡及と部分遡及について（法86条の7第1項～3項）

全体遡及とは建物全体に遡及されることを指し、部分遡及とは建物の一部に遡及されることを指す。「42 集団規定・単体規定の緩和」で緩和項目について整理したが、法86条の7第3項には増築、改築、大規模の修繕および大規模の模様替えをする部分にしか遡及しない「部分遡及」の項目が示されている。それを整理すると全体遡及項目と部分遡及項目が見えてくるのでここに整理する。

表1　部分遡及と全体遡及（その1）

関連規定	規程の内容	部分遡及 or 全体遡及
法20条	構造耐力	「44 EXP.Jで接続すれば遡及適用緩和」参照
法21条	大規模木造建築物の主要構造部	建築物全体に適用
法22条	法22条地域の屋根不燃	建築物全体に適用
法23条	法22条地域内の外壁防火措置	建築物全体に適用
法24条	木造建築物である特殊建築物の外壁等	建築物全体に適用
法25条	大規模木造建築物の外壁等	建築物全体に適用
法26条、法36条	防火壁	建築物全体に適用
法27条	特殊建築物の耐火建築物、準耐火建築物	建築物全体に適用
法28条1項、法36条	居室の採光	居室単位で適用
法28条2項	居室の換気	居室単位で適用
法28条3項	特殊建築物の居室換気、火気使用室換気	居室、火気使用室単位で適用
法28条の2	シックハウス対策規制	居室（換気上一体の空間含む）単位で適用（クロルピリホスについては建築物全体に適用）
法29条	地階の居室の防湿等	居室単位で適用
法30条	長屋・共同住宅の界壁	界壁単位で適用
法31条、法36条	便所、浄化槽	便所、浄化槽単位で適用
法32条	電気設備	電気設備単位で適用
法33条、法36条	避雷設備	建築物全体に適用
法34条1項、法36条	昇降機	昇降機単位で適用

表1 部分遡及と全体遡及（その2）

関連規定		規程の内容	部分遡及 or 全体遡及
法34条2項		非常用昇降機	建築物全体に適用
法34条	令118条～、令126条	避難施設	増改築部分と、開口部のない耐火構造の床、壁で区画された部分については適用しない
	令126条の2、令126条の3	排煙設備	増改築部分と、開口部のない準耐火構造の床、壁、遮煙性能を有する特定防火設備で区画された部分については適用しない
	令126条の4、令126条の5	非常用の照明装置	増改築部分と、開口部のない耐火構造の床、壁で区画された部分については適用しない
	令126条の6、令126条の7	非常用進入口	建築物全体に適用
	令128条、令128条の2	敷地内の通路	建築物全体に適用
法35条、法36条		消火設備	建築物全体に適用
法35条の2		特殊建築物等の内装制限	建築物全体に適用
法35条の3		無窓居室等の主要構造部	居室単位で適用
法36条	令21条	居室の天井高さ	居室単位で適用
	令22条	居室の床高さ、防湿方法	居室単位で適用
	令23条～令26条	階段	階段単位で適用
	令112条	防火区画	建築物全体に適用
	令129条の2の5～令129条の2の7	配管設備	配管設備単位で適用
	令115条	煙突	煙突単位で適用
法61条、62条、63条、64条、67条の2		防火地域内の耐火建築物等	建築物全体に適用

Q. シックハウスは扉で既存遡及を防げる？

A. 増改築された一戸建ての住宅において、ホルムアルデヒド対策として一体的に換気を行う場合、住戸全体に24時間換気の規制が適用される。ただし増改築を行う居室と既存部分との間を建具等で、換気経路を区切り当該居室を換気に関して独立させた場合に限っては、当該居室のみホルムアルデヒド対策の規制が適用される。

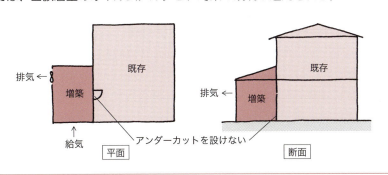

44 既存不適格建築物の増改築

EXP.Jで接続すれば遡及適用緩和

> **POINT**
> ◆既存不適格建築物の増築又は改築を行う場合は、増改築部分がエキスパンションジョイント（以降 EXP. J）により既存部分に接続される等、一定の基準に従えば既存部分への構造耐力規定等の遡及適用が緩和される。

1 既存不適格建築物の構造耐力規定等の遡及緩和

　既存不適格建築物に増改築する場合は、既存部分も含め建物全体として構造計算で構造安全性を確認するとともに、耐久性等関係規定、構造計算およびこれに準ずる基準（建築設備および屋根ふき材の構造基準）に適合させなければならない。現行基準に適合した建築物に増改築する場合も同様である。

　ただし、増改築する部分を EXP. J で接続する場合は構造耐力規定の既存部分への遡及適用が緩和される。

> **CHECK**　EXP. J の接続による遡及緩和
> 【増改築部分の床面積が既存建築物の床面積の 1/20 を超え、かつ 50m² を超える場合】
> ①既存部分は法 20 条 1 項二号イ後段、三号イ後段に規定する構造計算に適合（平 12 国交告 566 第 2 第 1 イ）、または、耐震促進法に基く安全性の確認（新耐震基準適合を含む）をする（平 18 国交告 185）
> ②耐久性関係規定に適合させる（令 137 条の 2 第 1 号ロ（3））
> ③建築設備、屋根ふき材、特定天井の基準並びにエレベーター、エスカレーターの脱落防止の基準に適合させる（令 137 条の 2 第 1 号ロ（3））
> 　注）構造上一体として増築する場合は、増築部分の床面積が既存部分の延べ床面積の 1/2 を超える場合と 1/2 以下の場合で、適用される構造規定が異なる。
> 【増改築部分の床面積が既存建築物の床面積の 1/20 以下、かつ 50m² 以下の場合】
> 　既存部分の構造耐力上の危険性が増大しないものとする（令 137 条の 2 第 3 号イ（2））

2 その他の構造関係規定

　建築基準法の構造関係規定は、度重なる災害等を踏まえて幾度かの法改正強化が行われてきた。このため、既存不適格となる建築物が数多く存在する。

> ✅ **CHECK**　法改正により強化された主な構造関係規定
> 1. 木造の土台と基礎（令42条）
> 2. 木造の必要壁量と配置方法（令46条）
> 3. 木造の柱・梁などの緊結方法、継ぎ手・仕口（令47条）
> 4. 鉄骨造の鋼材の溶接などの接合部の技術基準（令67条）
> 5. 鉄筋コンクリート造の柱の帯筋の間隔など（令77条）
> 6. 構造計算方法（新耐震基準）（令3章8節）
> 7. 大規模な天井（令29条）

(1) 既存建築物に特定天井がある場合
　ネット、ワイヤ・ロープなどの落下防止措置を講じて、天井材の落下による衝撃が作用した場合に脱落・破断が生じないことを確かめる必要がある。

(2) 大規模の修繕・模様替えの場合
　増改築部分の床面積が既存の1/20以下、かつ、50m²以下の場合と同じく、危険性が増大しないことが確認できればかまわない。建築物全体として、耐久性等関係規定、構造計算及びこれに準ずる基準（建築設備および屋根ふき材の構造基準）に適合させなければならないが、このうち既存部分については耐震診断基準等に適合することでも足りる。

(3) 独立部分への適用
　構造耐力規定（建築基準法20条関係）については、建築物がEXP.Jなどの相互に応力を伝達しない構造方法のみで接している場合、既存不適格建築物の増改築時の規定の適用に際して各々の部分は独立部分となる。

(4) 小規模建築物の場合
　2階建て以下の木造建築物など、建築基準法20条4号に該当する小規模建築物の場合は、既存部分も含め建築物全体として現行の仕様規定（基礎の規定を除く）と基礎についての補強基準に適合する必要がある。

45 用途変更

変更可能な用途と確認申請の要否

> **POINT**
> ◆建築物の用途を変更する場合、用途地域内での建築制限等の規定についての整理と確認申請の要否について理解する必要がある。

1 用途地域等の制限の準用について

　建築物の用途変更をする場合は、用途地域内での建築制限等の規定について問題がないことを確認する必要がある。法87条2項より法48条「用途地域等」は準用される。例えば2種中高層住居専用地域内の事務所をホテルに用途変更することは、用途地域上、認められない。また、1種住居地域内の飲食店舗を、カラオケボックスにしようとする場合、カラオケボックスが1種住居地域内に建築してはならない用途とされているため、この用途変更はできない。

2 用途変更で確認申請が必要なものについて（法6条1項一号、令137条の18）

　建築物の用途を、特殊建築物（法別表第1に掲げる用途に供する特殊建築物で床面積の合計が100㎡を超えるもの）に変更する場合は、確認申請および工事完了届の手続きが必要となる。ただし、類似の用途相互間における場合は除く（表1）。また建築基準法に出てくる用途で、特殊建築物に該当しない用途を整理した（表2）。

表1　確認申請が不要な類似の用途（令137条の18）

確認申請が不要な類似の用途	①劇場、映画館、演芸場 ②公会堂、集会場 ③診療所（患者の収容施設があるものに限る）、児童福祉施設等 ④ホテル、旅館 ⑤下宿、寄宿舎 ⑥博物館、美術館、図書館 ⑦体育館、ボーリング場、スケート場、水泳場、スキー場、ゴルフ練習場、バッティング練習場 ⑧百貨店、マーケット、その他の物品販売業を営む店舗 ⑨キャバレー、カフェー、ナイトクラブ、バー ⑩待合、料理店 ⑪映画スタジオ、テレビスタジオ

表2 法別表第1に掲げる用途に供する特殊建築物でない用途

非特建の例	業種例
サービス店舗	理髪店、美容院、クリーニング取次店、質屋、貸衣装屋、貸本屋、調剤薬局、新聞販売所、カイロプラテック、足裏マッサージ、洋服店、畳屋、建具屋、自転車店、家庭電気器具店、コインランドリー、歯科技工所 ※日常生活に必要なサービス施設
学習塾等	学習塾、華道教室、囲碁教室、武道塾、音楽教室、裁縫・手芸・編物教室、陶芸教室、料理教室、バレエ・日本舞踊教室、カルチャーセンター、ジャズダンス・エアロビクス教室、フィットネスクラブ・アスレチッククラブ、ヨガ教室・ホットヨガ、メディカルフィットネス、 ※不特定多数を対象とするものではないことが前提
アトリエ・工房	美術品又は工芸品を製作するためのアトリエ・工房、陶磁器の製造・作品展示施設
神社・寺院等	神社、寺院、教会、納骨堂
診療所	診療所、介護老人福祉施設、人工透析センター、医療保護施設
事務所	事務所、時間貸しオフィス、展示機能のない中古自動車買取専門店、
工場	工場、仕出し屋、学校の給食センター、植物工場、エバーミング施設、ガソリンスタンド併設小規模自動車工場、物流センター、物流拠点施設

確認申請が不要な用途変更にはどのようなものがあるか？

下記に確認申請が不要な用途変更の例とその理由を示す。（法87条1項）

変更の例	理由
店舗を事務所に変更	法6条1項一号の特殊建築物への変更ではないため
店舗ビルの一部を、診療所（患者の収容施設がないもの）に変更	法6条1項一号の特殊建築物への変更ではないため
事務所ビルの一部（80㎡）を物販店舗に変更	法6条1項一号の特殊建築物への変更ではないため（変更部分が100㎡を超えない）
A経営のレストランをB経営のステーキ店に変更	「飲食店」という用途に変更はないため（用途変更にあたらない）
劇場を映画館に変更	確認申請が不要な類似の用途相互間の変更のため（令137条の18）

✓ CHECK 様々な新しい用途について

昨今では建築物の用途は多様化している。例えばソーホー（SOHO）や動物病院などは法令解釈に迷うことが多い。日本建築行政会議（JCBA）では新しい用途の解釈について検討をし、結果を「建築確認のための基準総則・集団規定の適用事例」で紹介している。

46 用途変更

既存遡及を受けない「類似の用途」

> **POINT**
> ◆「建築物の用途変更における類似の用途」とは準用規定が適用されない類似の用途のことであり、「確認申請が不要な類似の用途」とは異なるので注意を要する。

1 「建築物の用途変更における類似の用途」について（令137条の19第1項）

「建築物の用途変更における類似の用途」とは、準用規定が適用されない類似の用途のことであり、「確認申請が不要な類似の用途」とは異なるので注意を要する。例えば、病院を老人ホーム（児童福祉施設等）に用途変更する場合、確認申請を要するが（令137条の18である類似の用途）、既存不適格部分の適合規定は準用されない（令137条の19の類似用途）。

表1　準用規定が適用されない類似の用途

準用規定が適用されない類似の用途	①劇場、映画館、演芸場、公会堂、集会場 ②病院、診療所（患者の収容施設があるものに限る）、児童福祉施設等 ③ホテル、旅館、下宿、共同住宅、寄宿舎 ④博物館、美術館、図書館 ⑤百貨店、マーケット、その他の物品販売業を営む店舗 ⑥キャバレー、カフェー、ナイトクラブ、バー ⑦待合、料理店 ⑧映画スタジオ、テレビスタジオ

2 用途地域制限の準用規定が適用されない建築用途の変更（令137条の19第2項）

用途地域制限についての既存不適格建築物で、次の範囲内の用途変更の場合、現行の用途規制は適用されない。

(1) 用途変更後、用途制限に適合しない部分の床面積が、基準時のその部分の床面積の1.2倍を超えないもの（図1）。
(2) 用途地域制限の不適合の理由が原動機の出力、機械の台数、容器の容量によるものの場合、これらが、基準時の1.2倍を超えないもの。
(3) 表2のイからホのそれぞれの用途相互間での用途の変更であるもの。

図1 用途地域制限の準用規定が適用されない建築用途の変更

建築後に、敷地が第2種中高層住居専用地域となったことによりボウリング場（1000m²）の部分に不適合となっている既存不適格建築物

用途変更後のボウリング場の床面積1200m²が基準時1000m²の1.2倍を超えないため、用途変更が可能

用途変更後のボウリング場の床面積が基準時1000m²の1.2倍を超え、用途地域の建築制限が適用になるため、この用途変更はできない

第2種中高層住居専用地域　　　　1000×1.2≦1200

表2　用途相互間における用途変更

法別表第二			建築物の用途
イ	（に）	3	ボーリング場、スケート場、水泳場その他これらに類する政令で定める運動施設
		4	ホテル又は旅館
		5	自動車教習所
		6	政令で定める規模の畜舎（15m²超）
ロ	（ほ）	2	マージャン屋、ぱちんこ屋、射的場、勝馬投票券発売所、場外車券売場その他これらに類するもの
		3	カラオケボックスその他これに類するもの
	（へ）	4	自動車車庫で床面積の合計が300m²を超えるもの又は3階以上の部分にあるもの
		5	倉庫業を営む倉庫
	（と）	3	(1)から(16)に掲げる事業を営む工場
ハ	（ち）	2	キャバレー、料理店、ナイトクラブ、ダンスホールその他これらに類するもの
		3	個室付浴場業に係る公衆浴場その他これに類する政令で定めるもの
	（り）	3	(1)から(20)に掲げる事業を営む工場
ニ	（ぬ）	1	(1)から(31)に掲げる事業を営む工場
	（る）	5	学校
		6	病院
ホ	（を）	2	住宅
		3	共同住宅、寄宿舎又は下宿
		4	老人ホーム、身体障害者福祉ホームその他これらに類するもの
		5	物品販売業を営む店舗又は飲食店
		6	図書館、博物館その他これらに類するもの

47 用途変更

確認申請手続きと既存建築物への遡及

> **POINT**
> ◆建築物の用途変更においていくつかの規定の準用が定められているが、ここでは確認申請手続きが必要な用途変更と、既存不適格建築物についての対応について整理する。

1 確認申請手続きが必要な用途変更

建築物を用途変更して法6条1項1号の<u>特殊建築物</u>にする場合、確認申請手続きが必要となる。ただし政令（令137条の18）で定める類似の用途相互間であれば手続きは不要である（表1）。

表1　確認申請が不要な用途変更の例

変更の例	理由
物販店舗を事務所に変更	法6条1項1号の特殊建築物への変更ではないため
事務所（80m²）を物販店舗に変更	変更部分が100m²を超えないので法6条1項1号の特殊建築物への変更ではないため
劇場を映画館に変更	確認申請が不要な類似の用途相互間の変更のため

2 用途変更における既存不適格建築物への準用について （法87条3項及び4項）

用途変更をしようとする建築物が、次の現行法に適合しない部分を有する既存不適格建築物である場合においては、確認申請手続きの要・不要にかかわらず、用途変更する部分には、これらの規定が準用され、適合させる必要がある。ただし、政令で定める用途相互間の変更である場合、用途地域制限についての一定範囲の変更である場合は、規定は準用されない。また、既存不適格建築物の増築等の制限の緩和の「部分適用」の規定も準用できる（表2）。

用途変更に完了検査はあるか？

用途変更は完了検査がない。工事完了届を建築主事に届け出ることで完了となる。期限は工事が完了した日から4日以内にである。指定確認検査機関に確認申請を提出していても、提出先は建築主事である事に注意していただきたい。

表2 既存不適格建築物への準用項目

規定	準用する規定		規定の内容
防火・避難規定	法24条		木造建築物等である特殊建築物の外壁等
	法27条		耐火建築物等としなければならない特殊建築物
	法35条		特殊建築物等の避難及び消火に関する技術的基準
		令118条	客席からの出口の戸
		令119条	廊下の幅
		令120条	直通階段の設置
		令121条	2以上の直通階段
		令121条の2	屋外階段の構造
		令122条	避難階段の設置
		令123条	避難階段等の構造
		令124条	物販店舗の避難階段等の幅
		令125条	屋外への出口
		令125条	屋外への出口等の施錠装置の構造等
		令126条	屋上広場等
		令126条の2 令126条の3	排煙設備
		令126条の4 令126条の5	非常用の照明装置
		令126条の6 令126条の7	非常用の進入口
		令128条	敷地内の通路
		令128条の2	大規模な木造等の建築物の敷地内における通路
		令128条の3	地下街
	法35条の2		内装制限
	法35条の3		無窓の居室等の主要構造部
一般構造	法28条1項		居室の採光
	法28条3項		特殊建築物、火気使用室の換気設備
	法29条		地階における住宅等の居室
	法30条		長屋又は共同住宅の各戸の界壁
	法36条		一般構造の技術的基準
用途地域	法48条		用途地域の建築制限
その他	法51条		卸売市場等の用途に供する特殊建築物の位置

48 用途変更

その他の注意点

> **POINT**
> ◆構造耐力の準用、用途変更の資格について、並びに用途変更申請における図書のまとめ方等、用途変更にかかわる事項で知っておくべきことを示すので参考にしていただきたい。

1 構造耐力には準用がない（法20条）

用途変更において、「構造耐力」については準用されないとなっている。つまり確認済証、検査済証を取得している該当建築物は「構造耐力」において適法な状態であるからである。しかし準用されないからといっても、適切に維持管理（法8条）され適法状態になっていなければいけないので、該当建築物が構造上安全であることの確認は必要となる。例えば用途が変わることで「積載荷重」（令85条）が変わり、満足できないことがある。しかしこれで用途変更できないことはなく、実際の積載荷重を算出して構造上安全であることが確認できれば、確認申請は受けられる。

2 用途変更申請に必要な設計図書等（規則3条の2）

用途変更申請に必要な設計図書等について示す。

> **CHECK** 用途変更申請に必要な設計図書等（規則3条の2）
> 【必ず必要となる図書】（規則3条の2表1）
>   付近見取図、配置図、各階平面図、床面積求積図、2面以上の立面図・断面図
> 【用途変更の内容により必要となる図書】（規則3条の2表2〜）
>   室内仕上げ表、採光計算書、換気設備図・計算書、排煙設備図・計算書、
>   非常用照明設備図、給排水設備図、ガス設備図
> 【構造安全性の確認】（法8条）
>   構造検討書
> 【消防同意に必要な情報】
>   有窓無窓算定図、消防設備図（スプリンクラー設備、非常放送設備、誘導灯等）

3 用途変更の資格について

　建築行為を伴わない用途変更については、建築士法上の資格の規定はない。法6条1項一号の特殊建築物のいずれかに用途変更をする場合は、建築物を建築するものとみなされ、大規模の模様替え、又は、大規模な修繕に依る部分の延べ床面積に応じて建築士の資格の要否が決定される。士法3条及び3条の2の規定には、建築物を用途変更する場合の準用の規定がないので、建築工事を伴わない用途変更については、建築士の資格がなくても、確認申請書を提出することができる。注意点として、用途変更確認申請の資格は不要であっても、建築基準法施行規則により申請図書の作成及び申請図書への記名・押印が必要である。また、申請代理業務については、業として行う場合は事務所登録が必要である。下記に、建築士の設計でない用途変更の取扱いについての「技術的助言」又は「通達」（昭和27年4月17日）を示す。

> **CHECK**　建築士の設計でない用途変更についての取り扱い（昭和27年住指発424号）
> 用途変更については法87条に基く同法6条の準用規定があるが、同条2項は、建築士法3条又は3条の2の規定に違反する場合の規定であって、建築士法上用途変更についての規定はないから（法87条の準用規定は建築士法まで及ばない）法6条2項に関する限り、用途変更については何等制限はなく、建築主事は当該申請書を受理できる。なお、建築基準法上申請書は建築士に限定されていない。

Q. 用途変更に工事監理者は必要か？

A. 用途変更確認申請書は確認申請書と違い、2面には工事監理者を記載する欄はない。しかし工事完了届には工事監理者の記載欄がある。非常に分かりにくいのだが、特定行政庁によっては工事完了届に工事監理者の記載を求める場合がある。その場合、「3 用途変更の資格について」と同様に、建築士の資格については問われない。

49 既存不適格建築物の増改築

全体計画認定を活用しよう

> **POINT**
> ◆既存不適格建築物の耐震改修などを促進するために、既存不適格建築物を複数の工事に分けて増築などを含む工事を行う場合、特定行政庁が工事の全体計画が一定の基準に適合すると認めたときは、工事にかかる部分から順次法適合させ、段階的な改修が可能となる措置が認められている。

　既存不適格建築物の増改築等の工事を、複数の工事に分けて段階的に行う場合に、特定行政庁が複数の工事の全体計画が一定の基準に適合すると認めたときは、不適合部分については最後の工事が完了する時に建築物全体として法適合させればよく、各工事ごとに建築確認や完了検査を順次受けることができる。工事期間中に法改正があった場合にも、その規定を適用しなくてよい。既存不適格建築物に対する制限緩和もある（令86条の7第1項から3項）。法86条の7第2項により部分的に遡及適用される部分遡及の規定の場合は、全体工事終了時に増築工事部分とその一連の部分のみに規定が適合すればよい。

> **CHECK** 全体計画認定の認定基準
> （設定の基準）
> 既存不適格建築物の増築、改築、大規模の修繕、大規模の模様替え工事で、
> ①建築物の用途の特性や資金計画等、工事を分けて実施するやむを得ない理由がある場合
> 　（例）学校を夏休みごとに改修、診療や入院患者の都合で病院を数度に分けて改修等
> ②工事全体の実施により、建築物とその敷地が建築基準法令の規定に適合すると認められる場合。ただし、増改築などを行う際の既存不適格建築物の制限の緩和規定は受けることができる。
> ③申請する計画の期限を5年程度以下であると明示し、期限が来たときに不適格規定を遡及させることを明確にしている場合。ただし、既存部分が構造上別棟となる接合がなされ、新耐震設計基準で設計されているか、または耐震診断結果で安全とされた場合は、「5年」を「20年」としてかまわない。
> ④全体工事が長期に及ぶことを考慮し、計画期間中、交通上、安全上、防火上および衛生上の支障が生じないと認められること。

図1 全体計画認定を受けた工事の流れ（工期を1期工事、2期工事に分けて工事をする事例）

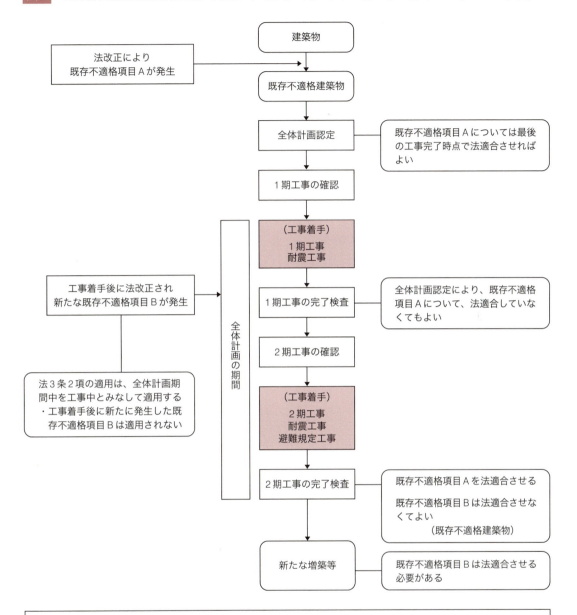

（認定手続）建築基準法施行規則10条の23による。
（計画変更手続）
　　認定計画を変更しようとするときは、特定行政庁の認定を受けなければならない。
　　ただし、変更の内容が軽微なものである場合はその必要はない。

50 既存不適格建築物の耐震改修

耐震改修計画の認定制度

> **POINT**
> ◆耐震改修を行う場合、一般的に現行の建築基準法が適用されて、いろいろな規定が不適格になる。既存不適格建築物を耐震改修する際、所管する特定行政庁の耐震改修認定を受ければ、既存不適格部分に現行法規を適合させなくても良い。

1 耐震改修計画の認定建築物の特例

建築物の耐震改修を行おうとする者は、耐震改修の内容やこれを行うための資金の計画を記載した図書を所管する特定行政庁に申請することにより、その改修計画が所定の基準に合致し、資金計画も適切なものである場合、特定行政庁より<u>耐震改修計画認定</u>を受ければ下記の制限の緩和や特例措置を受けることができる。耐震改修計画認定を特定行政庁に申請する場合は、事前に第三者機関の<u>耐震改修判定</u>を受ける必要がある。

(1) 既存不適格建築物の制限の緩和

耐震改修を行う上でやむを得ない工事については、既存不適格建築物の制限が緩和される。例えば、既存不適格建築物のピロティ部分に壁を設けることにより床面積が増えることになる増築や大規模の修繕、大規模の模様替えを行う場合、耐震規定以外の不適格事項（例えば、建蔽率など）があってもこれを法適合させる必要がない。ただし、その耐震改修計画が周囲の環境を著しく悪化させるものであってはならない。（図1）

図1　既存不適格建築物の制限の緩和の例

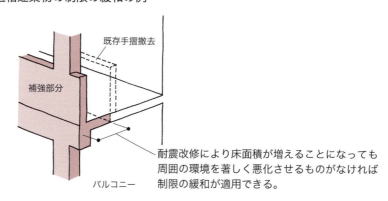

(2) 耐火規定の緩和

改修計画にやむを得ない理由がある場合は、特殊建築物を耐火建築物としなければならない規定（建築基準法 27 条 1 項）や防火・準防火地域において耐火建築物としなければならない規定（建築基準法 61 条・62 条）が緩和される。例えば、耐震性を向上させるために耐火建築物の柱に鉄板を巻き付ける場合は、その鉄板の上にモルタルや耐火被覆を施す必要があるが、熱感知器の設置など火災の早期発見のための措置を講ずることにより、その被覆が不要となる。

(3) 容積率・建蔽率の緩和

耐震改修工事を行うことにより、容積率または建蔽率が不適合となる場合、やむを得ない範囲であればこれらが緩和される。

(4) 建築確認不要の特例措置

この認定をうけることにより、建築確認があったものとみなされる。ただし、この認定の際、建築主事と消防長などの同意が必要である。

2 自主耐震改修

自主耐震改修とは、耐震改修の方法が確認申請等を必要としない場合で、設計者が耐震改修促進法の基準を適用して耐震改修する場合、または耐震改修をして診断結果の評価を上げる場合をいう。

3 増築耐震改修

増築時に既存部分の構造関係規定の適用の際に、耐震改修促進法の基準を適用して設計し、第三者機関による評価を取得して判定を受ける場合、既存部分の耐震判定を受けた後に増築の確認申請を受ける。

Q. 耐震改修後の耐震性能を表示するには？

A. 耐震性が確保されている旨の認定を受けた建築物について、その旨を表示できる「耐震診断・耐震改修マーク表示制度」があり、一般財団法人日本建築防災協会が運営している。

建築物用プレート見本

施設用プレート見本

51 検査済証を取得していない建築物

建築基準法適合状況調査

🔍 POINT

◆建築主は工事完了後、完了検査を受けて検査済証の交付を受けなければならないが、この検査済証の交付を受けていない建築物が、平成11年以前では半数以上を占めていた。検査済証を取得していない建築物は、建築当時法適合であったのか否かを判断するのが困難である。検査済証のない建築物を増改築や用途変更をする場合に確認申請を提出する仕組みについて説明する。

1 指定確認検査機関を活用した建築基準法適合状況調査のためのガイドラインについて

　検査済証を取得していない建築物は、建築当時の建築基準に照らして適切に工事がなされていたかの確認ができないため、増改築や用途変更による確認申請の提出が困難であった。そこで国土交通省は、建築当時の法適合状況を調査するための方法を示した「検査済証のない建築物に係る指定確認検査機関を活用した建築基準法適合状況調査のためのガイドライン（平成26年7月）」を策定した。この制度を活用すれば検査済証のない建築物の増改築や用途変更を円滑に進め、既存建築ストックを有効活用することができるようになる。

✅ CHECK　指定確認検査機関による法適合調査

【対象建築物】全ての建築物
【調査に必要な図書】建築確認図書（副本）。副本が無い場合は「復元図書」を作成する。
【建物調査の方法】指定確認検査機関が建築物が副本どおりの状態であることについて適合調査を実施する。目視等で調査することが困難な事項、例えば鉄筋コンクリート造における構造関係規定等については、コンクリート強度の確認など必要に応じコア抜き調査などを実施した上で調査をする。
【ガイドラインに基く法適合調査の報告書】報告書は、検査済証とみなされるわけではないが、増改築や用途変更による次の確認申請において既存不適格調書注の添付資料として活用することで確認申請を提出することができる。なお確認申請の提出先となる特定行政庁や指定確認検査機関との事前打ち合わせが必要である。

注）「既存不適格建築物の増築等に係る建築確認の申請手続きの円滑化について（技術的助言）」（平成21年9月1日・国住指2153号）
　　既存不適格調書とは、①現況の調査書、②既存不適格建築物の平面図及び配置図、③築又は増築等の時期を示す書類、④基準時以前の建築基準関係規定への適合を確かめるための図書等をいう。

2 ガイドラインを活用した指定確認検査機関による確認申請の流れ

図1 指定確認検査機関による法適合調査

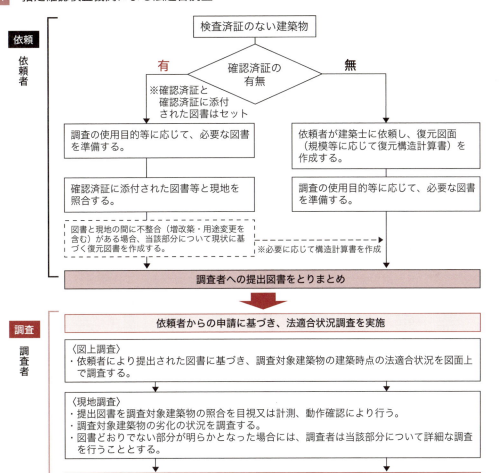

➡ 報告書は、既存建築物の増築等について法86条の7の規定の適用を受ける場合に準備する既存不適格調書に添付する資料の一部として活用することも可能

3 検査済証のない建築物の増改築や用途変更の確認申請

　検査済証のない建築物の増改築や用途変更の確認申請の手続きには、指定確認検査機関による「法適合調査の報告書」を、確認申請の提出先となる特定行政庁や指定確認検査機関に提出しなければならない。報告書は既存建築物の増築等について法86条の7の規定の適用を受ける場合に準備する「既存不適格調書」に添付する資料の一部として活用することも可能である。(「既存不適格建築物の増築等に係る建築確認の申請手続きの円滑化について(技術的助言)」平成21年9月1日・国住指2153号)

52 確認済証・検査済証がない建築物

確認・検査済の調査方法

> **POINT**
> ◆年々、既存建築物の増改築や用途変更など既存建築ストックの活用に関するニーズが高まっている。建築物の確認済証、検査済証が不明、または紛失されている場合、どのような状態であるかを調査する必要があるが、ここでは既存建築物の調査方法について記すので参考にしていただきたい。

1 建築計画概要書の閲覧について （法93条の2・規則11条の4）

建築計画概要書の閲覧制度は昭和46年1月に施行された。よって昭和46年1月以降に確認を受けたものは特定行政庁にて閲覧対象として建築計画概要書が保管されている。計画通知が行われた建築物は平成19年6月20日以降に建築確認手続きが行われたものに限る。閲覧は特定行政庁で行うことができ、建築確認等がなされた建築物等について、建築物の概要(建築物の建築主、設計者、工事監理者、施工者、建築場所、高さ、敷地・建築・延べ床の各面積など)やその建築物の位置・配置を図示した図面、完了検査等の履歴が記載されている(図1)。

2 台帳の閲覧について （法93条の2）

昭和46年1月以前に確認申請をされたものは特定行政庁に現存する台帳で調査することができる。またそこに記されている情報を台帳記載事項証明書として発行を受けることができる。これは確認済証や検査済証を再発行するものではないので注意する必要があるが、台帳記載事項証明書を次回確認申請に添付することで確認済証や検査済証の代用とすることはできる。また昭和46年1月以降に確認申請をされたものも建築計画概要書が整備される分までの台帳は整備されており、台帳記載事項証明書として発行を受けることができる。

3 書類の閲覧について （法93条の2）

確認申請図書は確認を受けた日から15年間保存されることとなっている(平成19年6月以前は5年)。よって確認を受けた時期によっては図書保存されている可能性がある。確認を受けた特定行政庁又は民間指定確認検査機関に対して閲覧請求することができるが、目的を問わず請求できるものではないので窓口との調整が必要となる。

図1 建築計画概要書の例（一般社団法人建築行政情報センターによる見本）

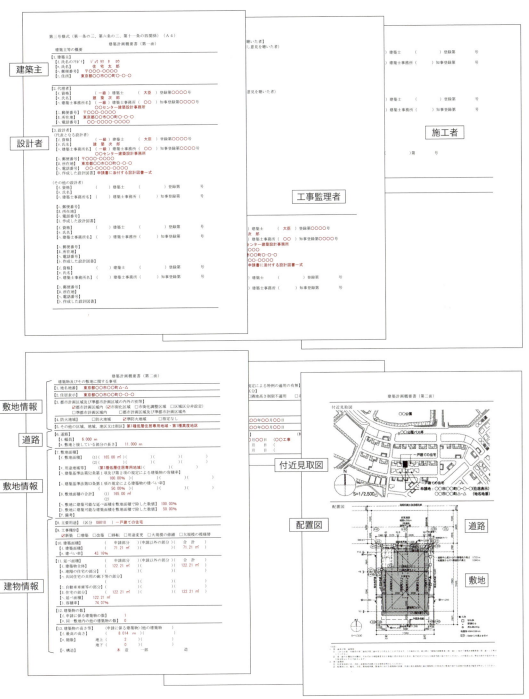

（出典：http://www.icba.or.jp/kaisei/SEKKEI/02.pdf を基に筆者が加筆）

53 設備改修

太陽光発電設備の取扱い

> **POINT**
> ◆既存建築物の屋根や屋上に太陽光発電設備を設置し、地球温暖化防止にむけ、地球環境にやさしく、自然再生エネルギーの活用が注目されている。設備改修・太陽光発電設備の設置に関する注意点を解説する。

1 太陽光発電設備設置工事における建築基準関係規定の適用

建築基準法の規定では、昇降機や特定行政庁が指定する「建築設備」は、建築確認が必要である。太陽光発電設備は、これらの「建築設備」に該当しないが、国交省の技術的助言により(平成24年国住指1152号「既存建築物の屋上に太陽電池発電設備を設置する際の建築基準法の取扱いについて」)、既存建築物の屋上に設置し、その建築物に電気を供給する場合は、建築物の一部として取り扱われるため、建築基準関係規定の適用を受ける。また、太陽光発電設備のメンテナンスを除き、架台下の空間に人が立ち入らないもので、かつ、架台下の空間を居住、執務、作業、集会、娯楽、物品の保管又は格納その他の屋内適用に供しないものは、建築確認が不要と明記されている。地面に自立して設置した太陽発電設備でも、太陽光発電設備の高さにより電気事業法の規定を受けて、建築基準法が準用される工作物となり建築確認が必要となる場合があるので注意を要する。

表1 太陽光発電設備の設置についての建築確認の要否

建築物の屋上に設置し、その建築物に電気を供給する					地上に独立して設置	
屋根建材一体型		屋上設置型			屋内的用途に供さない	
屋内的用途に供する	屋内的用途に供する	屋内的用途に供さない	屋内的用途に供する	高さ＞4m、電気事業法により十分な安全性が確保されていない	高さ≦4m、又は、高さ＞4mで電気事業法により十分な安全性が確保されている	
戸建住宅等	事務所ビル等	駐車場ビル等				
主要構造部、かつ、建築設備	主要構造部、かつ、建築設備	建築設備	建築物	建築基準法が準用される工作物	建築基準法が準用されない工作物
過半の場合、建築確認必要	増築となり、建築確認必要	建築確認不要	建築確認不要	建築確認必要	建築確認不要

2 屋上に設置する太陽光発電設備の建築基準法上の高さについて

　国交省の技術的助言・平成 23 年国住指 4936 号「太陽光発電設備等に係る建築基準法の取扱いについて」では、太陽光発電設備は「階段室、昇降機塔、装飾塔、物見塔、屋窓その他これらに類する建築物の屋上部分（令 2 条 1 項六号ロ）」以外の建築物の部分として取り扱い、太陽光発電設備の屋上設置面積により建築物への高さの算入、不算入が決まる。

図 1　太陽光発電設備等の屋上部分の扱い

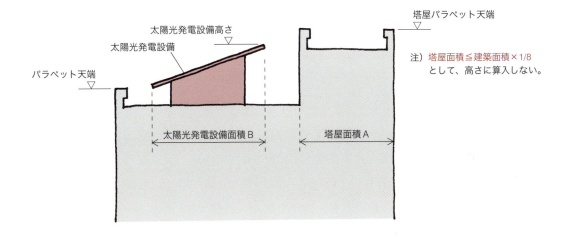

表 2　太陽光発電設備等の屋上部分の扱い

	A＋B＞建築面積×1/8	A＋B≦建築面積×1/8
太陽光発電設備	「屋上部分以外の建築物の部分」の扱いとなり、高さに算入する	「屋上突出部」の扱いとなり、高さに算入しない
建築物の高さ	太陽光発電設備の高さ	パラペット天端。太陽光設備は「屋上突出部」として扱い、高さに算入しない
建築基準関係規定	絶対高さ制限の数値以下とする。太陽光発電設備等を高さに算入しても建築基準関係規定に適合させる。適合しない場合は設置不可	北側斜線等、建築基準関係規定に適合させる。適合しない場合は設置不可

54 確認申請以外の手続き

リニューアル工事関係の届出

> **POINT**
> ◆確認申請を伴わなくてもリニューアル工事に係る手続きがあることに注意が必要である。ここではその例を挙げておくので参考にしていただきたい。

1 建築物省エネ法に基く適合性判定及び届出等（建築物省エネ法12条、19条、附則3条）

建築物省エネ法の規制対象

建築物省エネ法の規制対象は、新築工事とは限らない。増改築部分の面積が300m²以上の工事は規制措置の対象となる。また非住宅建築物においては、増改築後の延べ面積が2000m²以上で増改築後の延べ面積に対する増改築部分の面積の割合が1/2を超えるものは、基準適合義務・適合性判定が適用され、それ以外は届出義務が適用される（図1）。なお、省エネ法に基く修繕・模様替え、設備の設置・改修の届出、定期報告制度については、平成29年3月31日をもって廃止となっている。

図1 規制措置の対象となる非住宅建築物の増改築の規模

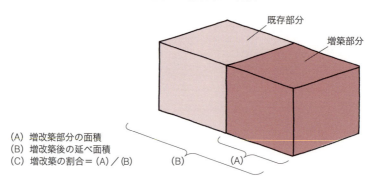

(A) 増改築部分の面積
(B) 増改築後の延べ面積
(C) 増改築の割合 = (A) / (B)

(A) 増築部分の面積	(B) 増改築後の延べ面積	(C) 増改築後の割合	建築物省エネ法での規制措置
300m²以上	2000m²以上	1/2 超	適合義務
		1/2 以下（特定増改築）	届出義務
	2000m²未満		届出義務
300m²未満			規制対象外

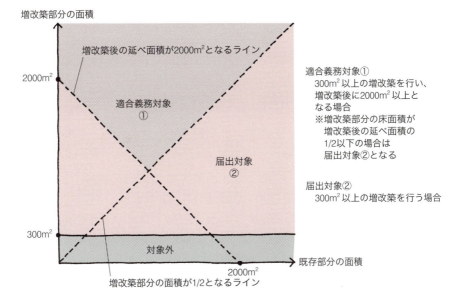

✓ CHECK　省エネ基準（建築物のエネルギー消費性能基準）について

建築物のエネルギー消費性能（省エネ性能）とは、建築物に設ける空調（暖冷房）・換気・照明・給湯・昇降機（エレベータ）において、標準的な使用条件のもとで使用されるエネルギー消費量をもとに表される建築物の性能のことである。

省エネ基準とは、大規模非住宅であれば、設計値（設計一次エネルギー消費量）≦基準値（基準一次エネルギー消費量）といった具合に設計値が基準値を下回ることであり、基準適合することが義務化されている。

✓ CHECK　省エネ性能向上のための取り組み例

①外壁、窓等を通しての熱の損失防止（断熱化）
　外壁の断熱材の断熱性能を上げる、窓をペアガラスにするなど、熱を逃げにくくし室内温度の維持を図ることで、空調設備で消費されるエネルギーを抑える。

②設備の効率化
　空調、照明等の設備の効率化を図り、同じ効用（室温、明るさ等）を得るために消費されるエネルギーを抑える。

③太陽光発電等による創エネ
　太陽光発電等によりエネルギーを創出することで、化石燃料によるエネルギーの消費を抑える。

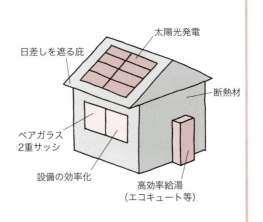

2 増改築等の工事対象部分は、アスベスト対策が必須 （法28条の2、令137条の4の2）

建築基準法はアスベストの飛散のおそれのある建築材料の使用を制限している。アスベストの飛散のおそれのある建築材料を使用した建築物の増改築を行う場合には、原則としてアスベスト含有建築材料の除去、封じ込め、囲い込みを義務付けている。増築部分の床面積が基準時の延べ面積の 1/2 を超える場合は、吹付けアスベストの除去が必須となる。

> ☑ **CHECK** 物質の飛散、発散に対する衛生上の措置の緩和 （令137条の4の3）
> 1. 増築又は改築部分の床面積が基準時の延べ面積の 1/2 以下
> 2. 増築または改築による部分が、吹付けアスベストなどの制限の規定に適合
> 3. 増築または改築部分以外の部分が、吹付けアスベストなどの制限に適合する建築材料であって、「人の活動することが想定される空間」に露出しているものに対して、囲い込み措置または封じ込める措置の基準に適合
>
> 以上の条件をすべて満足すると、アスベストなどの使用の制限が緩和される。

3 工事中における安全計画書の届出を要する建築物 （法90条の3、令147条の2）

令147条の2に示される用途・規模の建築物に係る避難施設等に関する工事の施工中に当該建築物を使用する場合は、確認申請がなくともあらかじめ当該工事の施工中における安全上、防火上又は避難上の措置に関する計画を作成して特定行政庁に届け出なければならないので注意を要する。

> ☑ **CHECK** 安全計画書の届出を要する建築物 （令147条の2）
> 1. 百貨店、マーケットその他の物販店舗、又は、展示場の用途に供する建築物で3階以上の階、又は、地階におけるその用途に供する部分の床面積の合計が 1500m² を超えるもの。
> 2. 病院、診療所（病床付）、又は、児童福祉施設等の用途に供する建築物で5階以上の階におけるその用途に供する部分の床面積の合計が 1500m² を超えるもの。
> 3. 劇場、映画館、演劇場、観覧場、公会堂、集会場、ホテル、旅館、キャバレー、カフェー、ナイトクラブ、バー、ダンスホール、遊技場、公衆浴場、待合、料理店、若しくは、飲食店の用途、又は、前2号に掲げる用途に供する建築物で5階以上の階、又は、地階におけるその用途に供する部分の床面積の合計が 2000m² を超えるもの。
> 4. 地下の工作物内に設ける建築物で居室の床面積が 1500m² を超えるもの。

4 景観法に基く届出について

景観法に基く規制を受けて、各行政庁は各々<u>景観計画</u>を策定している。例えば外壁の色の塗り替えで、確認申請が不要であっても、景観法に基く届出が発生する場合があるので注意を要する。

5 増改築や用途変更の完了検査、中間検査

増築、改築、大規模の修繕・模様替え、及び、用途変更は原則として建築確認は必要である。しかし、これらの工事には、完了検査や中間検査が一律に実施されるものではない。

(1) 用途変更には完了検査が不要

増築、改築、及び、大規模の修繕、模様替えには完了検査が必要であるが、用途変更は建築確認が必要であっても完了検査は不要である。よって検査済証の交付はない。しかし工事が完了すれば、建築主事に工事完了届の届出が必要である。

(2) 中間検査は増築、改築についても実施される

中間検査については、建築基準法で定めたものと、特定行政庁がその地方の状況、その他事情を勘案して建築物の構造や用途、規模を限って指定するものとがある。中間検査は新築だけではなく、増築、改築についても指定される場合がある。

図2 増改築等の完了検査

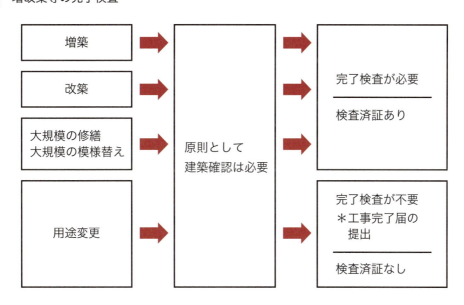

【著者】

野口 元（のぐち　はじめ）
1967 年生まれ。1993 年日本大学大学院生産工学研究科卒業。同年株式会社竹中工務店入社、設計部設計グループを経て申請グループに配属。現在設計部申請グループリーダー。建築基準適合判定資格者・一級建築士。

平沢 隆志（ひらさわ　たかし）
1967 年生まれ。設計事務所勤務を得て、2004 年株式会社日本確認検査センター入社。2012 年より、取締役確認審査部長。2015 年より、常務取締役。建築基準適合判定資格者・住宅性能評価員・一級建築士・宅地建物取引士。

仲本 尚志（なかもと　たかし）
1947 年まれ。1970 年大阪工業大学工学部建築学科卒業。同年株式会社竹中工務店入社、設計業務に従事。2012 年退職。神戸大学大学院経営学研究科 MBA 科目履修。放送大学大学院文化科学研究科修士課程修了。一般社団法人日本建築協会出版委員会委員。著書『建築工事の祭式』『建築品質トラブル予防のツボ』（共著 / 学芸出版社）

図解　一発で通す！確認申請
Q&Aでわかる新築・増改築のポイント

2017 年 3 月 1 日　第 1 版第 1 刷発行

企　　画………一般社団法人 日本建築協会
著　　者………野口元・平沢隆志・仲本尚志
発行者………前田裕資
発行所………株式会社 学芸出版社
　　　　　　　京都市下京区木津屋橋通西洞院東入
　　　　　　　電話 075 - 343 - 0811　〒 600 - 8216

装　　丁………KOTO DESIGN Inc. 山本剛史
印刷・製本………シナノパブリッシングプレス
編集協力………村角洋一デザイン事務所

© Hajime NOGUCHI, Takashi HIRASAWA, Takashi NAKAMOTO, 2017
ISBN 978 - 4 - 7615 - 3227 - 7　　　　　　Printed in Japan

JCOPY 〈(社)出版者著作権管理機構委託出版物〉
本書の無断複写（電子化を含む）は著作権法上での例外を除き禁じられています。複写される場合は、そのつど事前に、(社)出版者著作権管理機構（電話 03 - 3513 - 6969、FAX 03 - 3513 - 6979、e-mail: info@jcopy. or. jp）の許諾を得てください。
また本書を代行業者等の第三者に依頼してスキャンやデジタル化することは、たとえ個人や家庭内での利用でも著作権法違反です。